Hans Dieter Betz
Der Apostel Paulus in Rom

Centrum Orbis Orientalis et Occidentalis (CORO)
Zentrum für Antike und Orient

Akademie der Wissenschaften zu Göttingen
Georg-August-Universität Göttingen

Julius-Wellhausen-Vorlesung

Herausgegeben von
Reinhard G. Kratz und Rudolf Smend

Heft 4

De Gruyter

Hans Dieter Betz

Der Apostel Paulus in Rom

De Gruyter

ISBN 978-3-11-031262-1
e-ISBN 978-3-11-031265-2
ISSN 1867-2213

Library of Congress Cataloging-in-Publication Data
A CIP catalog record for this book has been applied for at the Library of Congress.

Bibliografische Information der Deutschen Nationalbibliothek
Die Deutsche Nationalbibliothek verzeichnet diese Publikation in der Deutschen Nationalbibliografie; detaillierte bibliografische Daten sind im Internet über http://dnb.dnb.de abrufbar.

© 2013 Walter de Gruyter GmbH, Berlin/Boston
Druck: Hubert & Co. GmbH & Co. KG, Göttingen
∞ Gedruckt auf säurefreiem Papier
Printed in Germany
www.degruyter.com

Inhalt

Eduard Lohse
Einführung VII

Hans Dieter Betz
Der Apostel Paulus in Rom 1
I. Vorbemerkungen 1
II. Zum Thema „Paulus in Rom" 4
   1. Die Rompläne des Paulus 4
   2. Die Frage der Briefadresse „in Rom" 7
III. Zur Situation der Forschung 8
   1. Die Apostelgeschichte 8
   2. Die Briefe der Paulustradition 10
   3. Die Paulusbriefe und die Apostelgeschichte 11
   4. Die apokryphen Paulusakten 11
   5. Die Apostelgräber in Rom 12
IV. Methodische Folgerungen 13
V. Der Philipperbrief und seine Geschichte 16
   1. Die Vorgeschichte 17
   2. Die Gegenwart 22
      a) Der Stand der Mission 23
      b) Der Stand des Gerichtsverfahrens 24
      c) Eine grundsätzliche Stellungnahme 26
      d) Notwendige Aufgaben 28

3. Die Zukunft	30
4. Letzte Besorgnisse	37
5. Beilagen	38
VI. Der Tod des Apostels	43

Einführung

Eduard Lohse
Universität Göttingen

Der Akademie der Wissenschaften zu Göttingen und dem *Centrum Orbis Orientalis et Occidentalis* bedeutet es eine besondere Freude und Ehre, den Vortragenden der diesjährigen Julius-Wellhausen-Vorlesung auf das herzlichste zu begrüßen. Herr Professor Betz wurde im Jahr 1931 in Lemgo geboren. Er studierte Evangelische Theologie in Mainz und konnte ein Studienjahr in Cambridge/England hinzufügen. Den Doktorgrad erwarb er in Mainz unter Anleitung von Professor Herbert Braun. Seine Dissertation galt einer Thematik innerhalb des Corpus Hellenisticum Novi Testamenti, und zwar einer gründlichen Untersuchung über Lukian und das Neue Testament, die 1961 im Druck erscheinen konnte.

Etliche Jahre diente Herr Betz dann als Pfarrer in Lippe und im Rheinland. Doch schon 1963 wurde er als Professor nach Claremont in den USA berufen. Dort erteilte er akademischen Unterricht und setzte seine Studien zur hellenistischen Umwelt des Neuen Testaments in eindrucksvoller Weise fort. Das hohe Ansehen, das er sich erwerben konnte, führte ihn im Jahre 1978 auf den Lehrstuhl für Neues Testament an der Divinity School in Chicago. Hier wirkte er bis zu seiner Emeritierung im Jahr 2000. In allen Jahren aber hielt er Verbindung zur internationalen gelehrten Welt und insbesondere nach Deutschland. Viele seiner Arbeiten veröffentlichte er im Verlag Mohr-Siebeck in Tübingen und trug wesentlich dazu bei, daß dieser Verlag das hoch geschätzte Nachschlagewerk „Die Religion in Geschichte und Gegenwart" in neuer, vierter Auflage erscheinen ließ. Wir freuen uns, daß Herr Betz die Verbundenheit mit uns bis heute pflegt, und bitten ihn, das Wort an uns zu richten.

Der Apostel Paulus in Rom

Hans Dieter Betz
University of Chicago

I. Vorbemerkungen

Das Thema „Paulus in Rom" wird in letzter Zeit so intensiv diskutiert, daß bei dessen bloßer Nennung der Verdacht aufsteigt, wirklich Neues sei hier kaum noch zu erwarten. Zuvor aber sei die Frage gestellt, was das Thema mit Julius Wellhausen zu tun haben könnte, von dem bezeugt ist, er habe sich in der letzten Phase seines Lebens mit Paulus beschäftigt, jedoch sei von diesen Studien nur wenig erhalten.[1] Aus diesem Wenigen läßt sich gleichwohl ein Weg erkennen, den seine Forschungen hätten nehmen können. Das letzte Kapitel seines Werkes *Israelitische und jüdische Geschichte* trägt den Titel „Das Evangelium",[2] und hier finden sich andeutungsweise die Grundzüge seines Denkens. Wellhausens erhaltene Arbeiten, die sich mit den jüdischen Pharisäern und mit dem historischen Jesus befassen,[3] führen auch hin zu den beiden Hauptproblemen für die Paulusforschung:

---

1 So Rudolf Smend, *Julius Wellhausen: Ein Bahnbrecher in drei Disziplinen* (München: Carl Friedrich von Siemens Stiftung, 2004), 35: „Von den Paulusstudien, die er danach noch betrieb, hat sich so gut wie nichts Schriftliches erhalten."
2 Julius Wellhausen, *Israelitische und jüdische Geschichte* (Berlin: Reimer, 1894), 358–71; zitiert ist die 9. Aufl. (Berlin: de Gruyter, 1958).
3 S. hierzu meine Sigmund Mowinckel-Vorlesung, "Wellhausen's Dictum 'Jesus was not a Christian, but a Jew' in Light of Present Scholarship," gehalten am 11. September 1990 an der Universität Oslo, veröffentlicht in *StTh* 45 (1991) 83–110; nachgedruckt in ders., *Antike und Christentum. Gesammelte Aufsätze IV* (Tübingen: Mohr Siebeck, 1998), 1–31.

1. Das über den Tod Jesu hinaus reichende Gedächtnis der Jünger an ihren Meister, das in erster Linie auf den tiefen Eindruck seiner Person auf sie zurückgeführt wird.[4]

2. Das Problem des Verhältnisses zwischen Paulus und Jesus, genauer die Überzeugungskraft, die vom Geiste Jesu ausgehend den Verfolger Paulus überwältigte: „Paulus kannte Jesum nicht, aber er merkte, daß in seiner Gemeinde ein Geist herrschte, der das Judentum sprengen mußte."[5] Daß Wellhausen später mit diesen Formulierungen nicht mehr zufrieden war, sagt er selbst in einer Fußnote zu Anfang des Kapitels.[6] Die Vermutung ist begründet, daß er die Kritik Jesu an den Pharisäern mit der Selbstkritik des Paulus an seinem eigenen Pharisäertum in Beziehung setzen würde.[7] Dadurch ergäbe sich die Möglichkeit, daß sich Paulus als jüdischer Theologe von der Pharisäerkritik Jesu, über die er sich in Debatten mit den von ihm verfolgten Jüngern Jesu hat informieren können, überzeugen ließ.[8] Dieses Geschehen schildert Paulus ja in seiner einzigartigen Selbstdarstellung in Phil 3,2–21, in der er von theologischen Glaubenserkenntnissen redet, und zwar ohne Nennung seiner Vision Christi.[9]

Hätte Wellhausen aus seinen genannten Äußerungen die Konsequenzen gezogen, hätte er den ganzen Problemkomplex „Jesus und Paulus" in neue Bahnen gelenkt. Wie seine Vorarbeiten zeigen, war in

---

4   Wellhausen, *Israelitische und jüdische Geschichte*, 367: „Die Erinnerungen an ihn sind einseitig und dürftig, nur die letzten Tage seines Lebens sind unvergeßlich geblieben. Aber der Geist lebt nicht im Gedächtnis fort, sondern in seinen Wirkungen; der Funke brennt in dem Feuer, das er entzündet. Jesus wirkt so tief und so nachhaltig auf die Jünger, daß sein Wesen sich mit ihnen verwob und ihr neues, besseres Ich wurde."
5   Ibid., 369.
6   Ibid., 358, Anm. 1: „Ich habe dies Kapitel stehn lassen, obgleich ich nur noch teilweise damit einverstanden bin." Offensichtlich ist er zu einer Neubearbeitung des Kapitels nicht mehr gekommen.
7   Ibid., 369: „Trotz allen Resten, die ihm anhaften, ist der Mann, der die Briefe an die Korinther und die Philipper geschrieben hat, in Wahrheit derjenige gewesen, der den Meister verstanden und sein Werk fortgesetzt hat."
8   Vgl. hierzu die hermeneutischen Grundsätze der Bergpredigt (Mt 5,17–20), sowie meinen Kommentar *The Sermon on the Mount. A Commentary on the Sermon on the Mount including the Sermon on the Plain (Matthew 5:3–7:27 and Luke 6:20–49)* (Hermeneia; Minneapolis: Fortress Press, 1995), 166–97.
9   Phil 3,8: διὰ τὸ ὑπερέχον τῆς γνώσεως Χριστοῦ Ἰησοῦ τοῦ κυρίου μου ... Vgl. die Verben in 3,10 (τοῦ γνῶναι αὐτὸν ... und ἥγημαι in v. 7–8).

ihnen die Richtung seiner Paulusstudien angelegt.[10] Zwar lag in seiner frühen Arbeit über die Pharisäer und Sadduzäer noch kein Bezug auf Paulus vor,[11] aber wenn er in seinen grundlegenden *Prolegomena zur Geschichte Israels* die sog. Graf-Wellhausen-Hypothese in Anwendung bringt, ist der Bezug auf Paulus vorgezeichnet.[12] Daß Wellhausen mindestens in seinen Gesprächen die Wichtigkeit des Paulus für diese Fragestellung gesehen hat, ergibt sich weiterhin aus der Göttinger Dissertation seines Freundes Bernhard Duhm,[13] die mit der Nennung des entscheidenden Begriffs παρεισῆλθεν („[das Gesetz ist] danach hineingekommen") in Röm 5,20 abschließt. Damit ist auf die Vorwegnahme der Graf-Wellhausen-Hypothese bei Paulus selbst hingewiesen.[14] In der Tat gehört es zu den geschichtlichen Grundlagen des Apostels, daß er das jüdische Gesetz erst später durch Moses eingeführt sein läßt, während das ursprüngliche Israel mit Abraham be-

---

10 Für diesbezügliche Hinweise sei Rudolf Smend herzlich gedankt.
11 Julius Wellhausen, *Die Pharisäer und die Sadducäer. Eine Untersuchung zur innerjüdischen Geschichte* (Greifswald: Bamberg, 1874). Wertvoll sind die neueren Untersuchungen von Roland Deines, *Die Pharisäer. Ihr Verständnis im Spiegel der christlichen und jüdischen Forschung seit Wellhausen und Graetz* (WUNT 101; Tübingen: Mohr Siebeck, 1997), 40–67; und Hans-Günther Waubke, *Die Pharisäer in der protestantischen Bibelwissenschaft des 19. Jahrhunderts* (BHTh 107; Tübingen: Mohr Siebeck, 1998), 196–226 (bes. 212–13).
12 Julius Wellhausen, *Prolegomena zur Geschichte Israels* (Berlin & Leipzig: de Gruyter, [6]1927), bes. 409–24. Die bissige Bemerkung S. 423 scheint sich an Nietzsche zu orientieren, entspricht aber keineswegs der paulinischen Auffassung: „Der große Patholog des Judentums hat ganz Recht: in der mosaischen Theokratie ist der Kult zu einem pädagogischen Zuchtmittel geworden. Dem Herzen ist er entfremdet; wäre er nicht alte Sitte gewesen, so würde er aus sich selber nie mehr emporgeblüht sein ..." Vgl. auch Rudolf Smend, „Julius Wellhausen (1844–1918)", in Ders., *Deutsche Alttestamentler in drei Jahrhunderten* (Göttingen: Vandenhoeck & Ruprecht, 1989), 99–113, bes. 110–13.
13 Bernhard Duhm, *Pauli Apostoli De Judaeorum Religione Judicia Exposita et Dijudicata* (Diss. theol.; Gottingae: Officina academica Huthiana, 1873). Vgl. Rudolf Smend, „Bernhard Duhm (1847–1928)", in Ders., *Deutsche Alttestamentler*, 114–28.
14 Duhm, *Pauli Apostoli*, 41: „Nam inter Pharisaeismum et quam Esra populum docebat legem (Neh. 8) si ingenii parvum est discrimen, temporis non erit magnum. Sic accipimus Pauli illud: παρεισῆλθεν." Vgl. Smend, *Deutsche Alttestamentler*, 118–19.

ginnt.[15] Da diese Auffassung besonders den pharisäisch orientierten Zeitgenossen wenig eingeleuchtet hat, legt Paulus sie nochmals im großen Rahmen des Römerbriefes dar. Nach Vorankündigung der Propheten (Röm 1,2) geht der „Glaube" (πίστις) aus von „unserem Vorvater (προπάτωρ) Abraham" (Röm 4,1–25). Im Gefolge dieser Darstellung steht auch die antipharisäische Kritik, die Paulus in Phil 3,2–21 in scharfer Auseinandersetzung mit seiner eigenen pharisäischen Vergangenheit vorträgt. Folglich richtet sich seine antipharisäische Polemik nicht gegen das Judentum überhaupt, sondern gegen die pharisäisch orientierte Richtung, der er früher selbst angehörte.[16]

II. Zum Thema „Paulus in Rom"

Aber nun endlich zum eigentlichen Thema dieses Vortrags, „Paulus in Rom"! Dieses Thema besteht nicht erst angesichts der heutigen Frage nach dem Tod des Apostels, sondern ist schon seit der Abfassung des Römerbriefes umstritten. Es geht dabei um zwei Fragen, die hier nur kurz umrissen werden können.

1. Die Rompläne des Paulus

Wie Paulus selbst in Röm 1,13–15 verrät, habe er sich schon mehrfach vorgenommen, nach Rom zu kommen, sei aber bisher immer daran gehindert worden.[17] Weder am Willen noch am konkreten Zweck habe

---

15 Zu Abraham s. zuerst Gal 3,6–18, zum Gesetz Gal 3,19–25. Vgl. meinen Kommentar, *Der Galaterbrief. Ein Kommentar zum Brief des Apostels Paulus an die Gemeinden in Galatien.* Aus dem Amerikanischen übersetzt und redaktionell bearbeitet von Sibylle Ann (Hermeneia; München: Kaiser, 1988).

16 Dies erklärt auch, warum Paulus den Abschnitt Röm 9–11 mit einer Darbringung seines eschatologischen Selbstopfers zugunsten Israels einleitet. S. hierzu meine Studie „Geschichte und Selbstopfer. Zur Interpretation von Römer 9,1–5," in: Ders., *Paulinische Theologie und Religionsgeschichte. Gesammelte Aufsätze V* (Tübingen: Mohr Siebeck, 2009), 71–86.

17 Röm 1,13: οὐ θέλω δὲ ὑμεῖς ἀγνοεῖν, ἀδελφοί, ὅτι πολλάκις προεθέμην ἐλθεῖν πρὸς ὑμᾶς, καὶ ἐκωλύθην ἄχρι τοῦ δεῦρο, ἵνα τινὰ καρπὸν σχῶ καὶ ἐν ὑμῖν καθὼς καὶ ἐν τοῖς λοιποῖς ἔθνεσιν.

es gefehlt, denn als Apostel sei er „Griechen und Barbaren, Gebildeten und Ungebildeten" verpflichtet und könne daher auch von den stadtrömischen Christen eine gewisse Unterstützung seiner Missionsanstrengungen erwarten.[18] Diese vorsichtige Ausdrucksweise deutet die Probleme im Hintergrund nur an.

Ein Hindernis bestand bisher durch zwei auf der Konferenz in Jerusalem (Gal 2,1–10) verabredete Grundregeln der Missionsstrategie.[19] Nach der einen Regel wurden Paulus und Barnabas die Nichtjuden (τὰ ἔθνη) und Petrus die Juden zugeteilt. Dabei wurden die beiden Gruppen aus jüdischer Sicht als „Unbeschnittene" (ἀκροβυστία) und „Beschnittene" (περιτομή) definiert. Diese Regel trifft aber auf die stadtrömischen Christen zur Zeit des Römerbriefes kaum noch zu.

Hinzu kommt als weitere Vereinbarung, von Paulus ausdrücklich anerkannt, nach der die Missionare dort keine Kirche (ἐκκλησία) gründen sollten, wo bereits vorher ein anderer die Verkündigung des Evangeliums begonnen habe.[20] Um diese Vereinbarungen einzuhalten, hatte Paulus Rom bisher ausgespart.[21] Jedoch macht er darauf aufmerksam, daß die alten Regeln auf die gegenwärtige Situation kaum noch anzuwenden sind. Daß in Rom eine von Petrus gegründete und ausschließlich jüdische Gemeinde existierte, ist in den ältesten Quellen nirgends belegt. Wohl aber ist anzunehmen, daß die derzeitige Christenheit in Rom gemischt war und somit Juden und Nichtjuden umfaßte.[22] Hinzu kam die seit langem umstrittene Frage, ob die Römer sich pauschal zu den „Griechen" (Ἕλληνες) oder etwa auch zu den „Barbaren" (βάρβαροι) rechnen. Ohne Zweifel gab es in Rom eine Mischbevölkerung, die sich aus vielen Ethnien zusammensetzte und daher mindestens teilweise in den Missionsbereich des Paulus fiel. Ob diese Schlußfolgerung von den römischen Christen Anerken-

---

18 Röm 1,14–15: Ἕλλησίν τε καὶ βαρβάροις, σοφοῖς τε καὶ ἀνοήτοις ὀφειλέτης εἰμί, οὕτως τὸ κατ' ἐμὲ πρόθυμον καὶ ὑμῖν τοῖς ἐν Ῥώμῃ, εὐαγγελίσασθαι.
19 Siehe hierzu meinen Kommentar, *Galaterbrief*, 120–96.
20 Röm 15,20: οὕτως δὲ φιλοτιμούμενον εὐαγγελίζεσθαι οὐχ ὅπου ὠνομάσθη Χριστός, ἵνα μὴ ἐπ' ἀλλότριον θεμέλιον οἰκοδομῶ, ... Vgl. Robert Jewett, *Romans* (Hermeneia; Minneapolis: Fortress Press, 2007), 910–16.
21 Röm 15,22: Διὸ δὲ ἐνεκοπτόμην τὰ πολλὰ τοῦ ἐλθεῖν πρὸς ὑμᾶς·
22 Über die Zusammensetzung der römischen Christen s. Peter Lampe, *Die stadtrömischen Christen in den ersten beiden Jahrhunderten. Untersuchungen zur Sozialgeschichte* (WUNT 2/18; Tübingen: Mohr Siebeck, [2]1989), 63–78.

nung finden würde, war ungewiß, würde aber durch seine Romreise einer Entscheidung zugeführt. Die seit der Jerusalemer Konferenz erfolgte Ausweitung der Kirche hat nach der Vorstellung des Paulus die Missionierung des griechischen Ostens zum Abschluß gebracht,[23] so daß er sich folgerichtig den nichtgriechischen „Barbaren" zuwenden und zu diesem Zwecke eine Reise nach Spanien planen konnte. Für diese Spanienreise hofft er nun auf die Unterstützung der mit Spanien eng verbundenen Römer (Röm 15,19–29).[24] Nach Rom käme der Apostel also nicht als Gründer einer Kirche, sondern lediglich auf der Durchreise zum Zwecke des Kennenlernens und des erbetenen Reisegeleites nach Spanien.[25] Unter diesem Blickpunkt dient sein Römerbrief als Vorklärung und Ausräumung von in Rom vermuteten Vorbehalten.[26]

Diese praktische Absicht beantwortet aber nicht die grundsätzliche Frage, warum Paulus von Anfang an das Ziel einer Romreise im Auge hatte.[27] War Rom einfach ein unumgängliches Zentrum seiner Vorstellung vom „Raum der Kirche in der Welt"? Oder störten den großen

---

23 Röm 15,19: ὥστε με ἀπὸ Ἰερουσαλὴμ καὶ κύκλῳ, μέχρι τοῦ Ἰλλυρικοῦ πεπληρωκέναι τὸ εὐαγγέλιον τοῦ Χριστοῦ, ... Vgl. Hans Lietzmann, *An die Römer* (HNT 8; Tübingen: Mohr Siebeck, ⁵1971), 120–21; Jewett, *Romans*, 911–15 (mit weiterer Literatur).
24 Zur Spanienreise vgl. Jewett, *Romans*, 918–34.
25 Röm 15,24: ὡς ἂν πορεύωμαι εἰς τὴν Σπανίαν· ἐλπίζω γὰρ διαπορευόμενος θεάσασθαι ὑμᾶς καὶ ὑφ' ὑμῶν προπεμφθῆναι ἐκεῖ ἐὰν ὑμῶν πρῶτον ἀπὸ μέρους ἐμπλησθῶ.
26 Vgl. Lietzmanns Bemerkung (*Römer*, 29–30): „Der Gemeinde der Welthauptstadt gegenüber wird er zum erstenmal seinem Prinzip untreu – begreiflich genug! Daher das Bedürfnis, seinen Schritt genau zu motivieren, daher die uns fast übertrieben scheinende Bescheidenheit 1,12, daher aber auch die Schiefheit der Parallele mit seinem bisherigen Wirken 1,13 und die Unmöglichkeit für den Exegeten, präzise zu sagen, was Pls in Rom will und was er nicht will; er sagt es eben nicht klar und kann es auch nicht. Die Schwierigkeit liegt in der Situation des Pls, nicht in den eigenartigen Verhältnissen der römischen Gemeinde begründet."
27 Vgl. die Auffassung des Lukas, wonach die Romreise dem Willen Gottes entsprach; s. Apg 19,21 (δεῖ με καὶ Ῥώμην ἰδεῖν); 23,11 (οὕτω δεῖ σε εἰς Ῥώμην μαρτυρῆσαι); 27,24; 28,14.16.

Strategen die unklaren kirchlichen Verhältnisse im Zentrum der römischen Weltmacht? Hatte Paulus etwa eine eigene „Romidee"?[28]

2. Die Frage der Briefadresse „in Rom"

Hierbei geht es um ein Problem der Textkritik und Textgeschichte im Blick auf die Adresse des Römerbriefs. Wenn in unserer Ausgabe des Textes von Nestle-Aland die Adresse in Röm 1,7 angegeben ist,[29] als an „alle, die in Rom sind, von Gott Geliebte, berufene Heilige",[30] dann beruht dies auf der Entscheidung der neutestamentlichen Textforscher.[31] Obwohl an dieser Entscheidung hier nicht gezweifelt werden soll, bleibt offen, wie es zu erklären ist, daß in einem nicht unwichtigen Strang der Überlieferung der Name der Stadt fehlt. Der Codex Boernerianus (G, 9. Jh.), die Minuskel 1739 (10. Jh.), etliche Handschriften der Itala und Vulgata, sowie die ältesten Kommentatoren Origenes und Ambrosiaster lassen „in Rom" (ἐν Ῥώμῃ) weg und bevorzugen eine allgemeine Adresse, wie „an alle, die von Gott geliebt und zu den Heiligen berufen sind". Handelt es sich bei der Weglassung um die originale Lesart oder wie anders ist sie zu erklären? Über diese Frage hat es weitreichende Debatten unter den Gelehrten gegeben, die zu einer Reihe von Hypothesen geführt haben. Für einen detaillierten Bericht darüber ist hier freilich nicht der Platz.

---

28 Vgl. den wichtigen Aufsatzband, hg. von Bernhard Kytzler, *Rom als Idee* (WdF 656; Darmstadt: Wissenschaftliche Buchgesellschaft, 1993); Hubert Cancik u. a., „Romidee," *RGG* 7 ([4]2004) 619–21.
29 Nestle-Aland, *Novum Testamentum Graece* (27. rev. Aufl.; Stuttgart: Deutsche Bibelgesellschaft, 1993).
30 πᾶσιν τοῖς οὖσιν ἐν Ῥώμῃ, ἀγαπητοῖς θεοῦ, κλητοῖς ἁγίοις, ...
31 Vgl. Lietzmann, *Römer*, 26–27; Günther Zuntz, *The Text of the Epistles. A Disquisition upon the Corpus Paulinum* (The Schweich Lectures of the British Academy 1946; London: British Academy; Oxford University Press, 1953), 62–84, 228 n. 1; 276–77; Harry Gamble, *The Textual History of the Letter to the Romans* (StD 42; Grand Rapids: Eerdmans, 1977), 16–33; Barbara Aland (Hg.), *Das Neue Testament auf Papyrus*, Band II/1: *Die paulinischen Briefe* (ANTT 12; Berlin & New York: De Gruyter, 1989), 3–4, 6–7; David Trobisch, *Die Entstehung der paulinischen Briefsammlung* (NTOA 10; Freiburg/Schweiz: Universitätsverlag; Göttingen: Vandenhoeck & Ruprecht, 1989), 66–70.

Meiner Ansicht nach beruht die Weglassung von „in Rom" auf redaktionellen Gründen. Die Tatsache, daß der Römerbrief in mehreren voneinander abweichenden Varianten in Umlauf war, war ja einem Teil der Handschriftentradition nicht unbekannt. Die Frage stellte sich demnach, welche Variante die von Paulus selbst nach Rom abgeschickte war. Waren die anderen Varianten für andere Adressen bestimmt, kann daraus gefolgert werden, daß alle Varianten die gleiche theologische Botschaft enthalten und daß daher die bestimmte Adresse „in Rom" sich als überflüssig erweist und redaktionell zugefügt ist. Die allgemeine Adresse ohne „in Rom" läßt sich auch ohne weiteres mit den Reiseplänen nach Röm 15,23–24 vereinbaren. Andererseits hat diese Auffassung nicht dazu geführt, die Ortsadressen auch bei anderen Paulusbriefen zu streichen. Im Gegenteil, die Mehrheit der Handschriften stimmt überein, daß die Ortsadressen, also auch „in Rom", zum Charakter der Paulusbriefe gehören. Folglich wird ihr Fehlen in Röm 1,7 und 1,15 (vgl. auch Eph 1,1) von uns unbekannten sekundären Kontexten verursacht sein.

III. Zur Situation der Forschung

Wenden wir uns nunmehr zur Frage des Endes und Todes des Paulus. Überblickt man die diesbezügliche Forschungssituation seit der zweiten Auflage der grundlegenden Untersuchung von Hans Lietzmann, *Petrus und Paulus in Rom*,[32] zerfällt die heutige Forschung in mehrere nahezu selbständige Zweige. Diese verfolgen ihre jeweiligen Präferenzen und Ziele, wobei die alle verbindende historische Quellenproblematik im Blick auf den Tod des Paulus droht, methodisch unkritisch vernachlässigt zu werden.

1. Die Apostelgeschichte

Die Apostelgeschichte des Lukas, die in nachapostolischer Zeit, wahrscheinlich am Anfang des 2. Jh. zu datieren ist, verarbeitet Quellen

---

32 Hans Lietzmann, *Petrus und Paulus in Rom. Liturgische und archäologische Studien* (AKG 1; Berlin & Leipzig: De Gruyter, 1923; neubearbeitet ²1927).

III. Zur Situation der Forschung

unbekannter Herkunft, die über detaillierte Kenntnisse der Reiseroute des Apostels von Palästina nach Rom verfügen. Diese Kenntnisse brechen aber mit seiner Ankunft in Rom ab. Nach Apg 28,16 scheint der Verfasser nur noch seinen eigenen Mutmaßungen zu folgen. Darüber, was sich in Rom zwischen der Begegnung des Paulus mit den Juden (28,17–28) und seinem Tod ereignet hat, schweigt der Verfasser, einschließlich des Todes selbst. Der Schlußsatz läßt den Leser, zweifellos mit Absicht, im Ungewissen: „Er blieb zwei volle Jahre lang in seiner eigenen Wohnung und empfing alle, die zu ihm kamen, verkündigte das Reich Gottes und lehrte über Jesus Christus den Herrn, in aller Offenheit und ungehindert" (28,30–31).[33] An früheren Stellen der Apostelgeschichte läßt der Verfasser gleichwohl durchblicken, daß er um die Tatsache des Todes des Paulus in Rom weiß.[34] Die Frage, wie dieses sein Schweigen in Apg 28 zu erklären ist, hat die Forschung bewogen, thesenartig eine Reihe von Möglichkeiten zu erörtern.[35]

Wahrscheinlich sind aber in erster Linie nicht spekulative literarische oder theologische Tendenzen der Grund für das Schweigen, sondern der Mangel an Quellen über den Ausgang des Gerichtsverfahrens und den Märtyrertod des Apostels.[36] So formuliert der Verfasser Lu-

---

33 Ἐνέμεινεν δὲ διετίαν ὅλην ἐν ἰδίῳ μισθώματι καὶ ἀπεδέχετο πάντας τοὺς εἰσπορευομένους πρὸς αὐτόν, κηρύσσων τὴν βασιλείαν τοῦ θεοῦ καὶ διδάσκων τὰ περὶ τοῦ κυρίου Ἰησοῦ Χριστοῦ μετὰ πάσης παρρησίας ἀκωλύτως.

34 Paulus selbst äußert in Röm 15,30–32 schlimme Befürchtungen im Blick darauf, was ihn in Jerusalem erwartet, und in Apg 20,17–35 (Miletrede) und an anderen Stellen (Apg 21,4.10–11; 25,11) finden sich Warnungen vor Anschlägen gegen Paulus und Todesgefahr, aber sie beziehen sich auf Palästina, während die Überstellung des Paulus nach Rom unvorbereitet erfolgt. Die Apg erklärt den Sachverhalt so, daß die römische Macht ihn vor dem jüdischen Mob rettet (22,22–23), und daß er durch die Berufung auf sein römisches Bürgerrecht (22,24–23,10) seine Überstellung nach Rom erwirkt (23,11; 25,12; 26,32), wodurch er zunächst mit dem Leben davonkommt.

35 Der wichtige, von Friedrich Wilhelm Horn herausgegebene Sammelband *Das Ende des Paulus. Historische, theologische und literaturgeschichtliche Aspekte* (BZNW 106; Berlin & New York: De Gruyter, 2001) konzentriert sich auf die Apostelgeschichte.

36 Siehe hierzu, mit weiterer Literatur, Heike Omerzu, „Das Schweigen des Lukas. Überlegungen zum offenen Ende der Apostelgeschichte", in: Horn, *Das Ende des Paulus*, 127–56, bes. 144–56.

kas, was er aus seiner Sicht zu sagen vermag, daß nämlich die Verkündigung der Missionsbotschaft trotz allem weiterlief.[37] Das Fehlen von Quellenmaterial kann an sich nicht verwunderlich sein, fiel doch der Tod des Paulus in die chaotischen Jahre in Rom zur Zeit des großen Brandes vom Jahre 64 und des Terrorregimes unter Nero und Tigellinus (62–68), über deren Greuel wir durch die Berichte von Tacitus und Suetonius unterrichtet sind.[38]

2. Die Briefe der Paulustradition

Lassen sich in den paulinischen und deuteropaulinischen Briefen, sowie aus den in paulinischer Tradition stehenden Pastoralbriefen,[39] dem 1. Brief des Clemens[40] und aus Ignatius[41] Informationen über den

---

37 Der sekundäre Zusatz in v. 29 (min. 104; 𝔐 it vg^{cl} sy^h): καὶ ταῦτα αὐτοῦ εἰπόντος ἀπῆλθον οἱ Ἰουδαῖοι πολλὴν ἔχοντες ἐν ἑαυτοῖς συζήτησιν (ζήτ- 104 pc) („Und als er dieses gesagt hatte, gingen die Juden fort und stritten noch lange miteinander.") zeigt das Bestreben, die Erzählung weiterzuführen.
38 Tacitus, *Ann.* 15.44.2–5; Suetonius, *Nero* 16.2.
39 Vermutlich war dem Verf. der Pastoralbriefe der paulinische Philipperbrief bekannt. Vgl. Michael Wolter, *Die Pastoralbriefe als Paulustradition* (FRLANT 146; Göttingen: Vandenhoeck & Ruprecht, 1988); Alfons Weiser, *Der zweite Brief an Timotheus* (EKK XVI/1; Düsseldorf: Benziger; Neukirchen-Vluyn: Neukirchener Verlag, 2003), 64–66.
40 1 Clem 5,5–7; s. Horacio Lona, *Der erste Clemensbrief* (KAV 2: Göttingen: Vandenhoeck & Ruprecht, 1998), 156–67; Hermut Lohr, „Zur Paulus-Notiz in 1 Clem 5,5–7", in: Horn, *Das Ende des Paulus*, 197–213; Otto Zwierlein, *Petrus in Rom. Die literarischen Zeugnisse.* Mit einer kritischen Edition der Martyrien des Petrus und Paulus auf neuer handschriftlicher Grundlage (UALG 96; Berlin: De Gruyter, 2009). Nach Zwierlein enthält 1 Clem 5–6 keine vom NT unabhängige Tradition. Die Legende vom Martyrium des Petrus und Paulus in Rom ist spät anzusetzen (um 170 n. Chr.) und aus dem NT erschlossen (237; 332–33; 426–49).
41 Ignatius' Romreise und erstrebtes Martyrium setzen den dortigen Märtyrertod des Paulus voraus (IgnEph 12,1–2; Röm 4,3; Philad 3,3; 9,1–2). Von einem Martyrium des Petrus erwähnt auch er nichts (vgl. IgnRöm 4,3; Sm 3,2). Der Polykarpbrief an die Philipper und das Martyrium des Polykarp haben wenige über Ignatius hinausgehende Bemerkungen zum Martyrium des Paulus (vgl. Polykarp, Phil 3,2–3; 9,1–2; 12,3). Vgl. Heinrich Schlier, *Religions-*

Tod des Paulus erkennen, die auf historisch verifizierbaren Grundlagen beruhen? Was an diesen Texten auffällt, ist jedoch, daß auch sie nicht mehr wissen als das, was dem Verfasser der Apostelgeschichte bekannt war.[42]

3. Die Paulusbriefe und die Apostelgeschichte

Die grundlegende Frage, ob sich aus der Apostelgeschichte irgendwelche textliche Berührungen mit den Briefen des Paulus erkennen lassen, wird zu Recht überwiegend negativ beurteilt.[43] Der Apostelgeschichte des Lukas ist das uns überlieferte Corpus der Briefe des Paulus, einschließlich der Deuteropaulinen und der Pastoralbriefe, unbekannt.

4. Die apokryphen Paulusakten

Ein anderer Forschungszweig betrifft die in den apokryphen Paulusakten des 2. und 3. Jh. überlieferten Erzählungen über den Tod des

---

geschichtliche Untersuchungen zu den Ignatiusbriefen (BZNW 8; Gießen: Töpelmann, 1929), 125–74.

42 So beruht die Aussage in Apg 28,31, Paulus habe die Mission trotz seiner Gefangenschaft mit Erfolg fortgesetzt (μετὰ πάσης παρρησίας καὶ ἀκωλύτως), auf vom Verfasser festgestellten historischen Tatsachen, nicht aber auf einer Ableitung aus Phil 1,12–14.

43 Der letzte mir bekannte Versuch, bei aller Vorsicht doch noch eine Verbindung herzustellen, wird von Peter Pilhofer in seinem Werk *Philippi*, Band I: *Die erste christliche Gemeinde Europas* (WUNT 87; Tübingen: Mohr Siebeck, 1995), 114–52, unternommen. Seine These ist, daß sich hinter dem in einer Nachtvision dem Paulus erscheinenden namenlosen Makedonier (Apg 16,6–10), Lukas, der Verfasser des Lukasevangeliums und der Apostelgeschichte verbirgt, dessen Heimatort die Stadt Philippi sei. Dieser Verfasser verfüge über eine detaillierte Kenntnis des Ortes, sowie in Apg 16 verarbeitete Lokaltraditionen über die Reisewege des Paulus. Darüber hinaus könne vermutet werden, daß er auch um den paulinischen Philipperbrief gewußt habe. Gleichwohl räumt Pilhofer ein, daß sich für die Apostelgeschichte keine Berührung mit den Briefen des Paulus nachweisen lasse.

Paulus.⁴⁴ Gibt es in diesen legendären Berichten Angaben, denen sich historisch begründbare Daten entnehmen lassen? Wenn überhaupt, sind solche Daten nur von geringer Bedeutung.⁴⁵ Das *Martyrium des Paulus* setzt aber an mehreren Stellen Kenntnis des paulinischen Philipperbriefes, den es nachahmt, voraus.⁴⁶

5. Die Apostelgräber in Rom

Hinzu kommt schließlich die komplizierte archäologische Problemlage im Blick auf die in Rom befindlichen Gräber der Apostel Petrus und Paulus. Hier ist zu sagen, daß es auch angesichts der intensiven Bemühungen der zuständigen Archäologen bis jetzt nicht gelungen ist, zu wissenschaftlich haltbaren Ergebnissen hinsichtlich des Paulusgrabes zu gelangen.⁴⁷ Voreilige und medieneffektive Spekulationen haben selbst die Glaubwürdigkeit der Ausgrabungen in einem Maße untergraben, daß die Aussicht auf wissenschaftlich gesicherte Ergebnisse verdorben zu sein scheint. Die Quellenlage im Blick auf die

---

44   Zum neuen Forschungsstand und Bibliographie s. Hans-Josef Klauck, *Apokryphe Apostelakten. Eine Einführung* (Stuttgart: Katholisches Bibelwerk, 2005), 61–92; ET: *The Apocryphal Acts of the Apostles. An Introduction* (translated by Brian McNeil; Waco, Texas: Baylor University Press, 2008), 47–79.

45   S. hierzu Claudia Büllesbach, „Das Verhältnis der Acta Pauli zur Apostelgeschichte des Lukas. Darstellung und Kritik der Forschungsgeschichte", in: Horn, *Das Ende des Paulus*, 215–37. In der Zusammenfassung kann die Verfasserin feststellen (372): „Obwohl die Acta Pauli ansonsten das ‚Ende' des Paulus so unterschiedlich von der Apostelgeschichte des Lukas erzählen, bestätigen beide Quellen, daß Paulus nur einmal in Rom war und nicht freigelassen wurde."

46   Vgl. vor allem den Anfang mit Phil 4:10 und die Schlußdoxologie mit 4:20. Zur neuen Textausgabe des cod. Ochrid. s. Zwierlein, *Petrus in Rom*, 426–49.

47   Zum Forschungsstand s. Hans Georg Thümmel, *Die Memorien für Petrus und Paulus in Rom. Die archäologischen Denkmäler und die literarische Tradition* (AKG 76; Berlin & New York: De Gruyter, 1999); Ruth E. Kritzer, „Secunda urbis praecipua et patriarchalis basilica: Paulusverehrung im stetigen Schatten?" in: *Light from the East* (Philippica: Marburger altertumskundliche Abhandlungen 39; Wiesbaden: Harrassowitz, 2010), 115–26.

Ereignisse, die zum Tode des Paulus und des Petrus geführt haben, hat sich dadurch jedenfalls nicht verbessert.

Wäre mit den bisher besprochenen Optionen die Quellenlage im Blick auf „das Ende des Paulus" erschöpft, müßte in der Tat der Schluß gezogen werden, daß wir darüber keine historisch zuverlässigen Quellen besitzen und folglich mit dem Schweigen des Lukas vorlieb nehmen müssen. Um diesem Schluß zu entgehen, haben andere versucht, Gefängnis und Tod des Paulus an Stelle von Rom in Caesarea Maritima in Palästina oder in Ephesus zu suchen. Diese Alternativen hätten den Vorteil, durch einen hypothetisch anzunehmenden zweimaligen Aufenthalt in Rom für die in Röm 15,24.26 von Paulus angekündigte Spanienreise Raum zu gewinnen und die Informationslücke am Ende der Apostelgeschichte aufzufüllen. Danach habe der Apostel sein Ende in Ephesus[48] oder sogar in Philippi[49] erlitten. Ohne daß an dieser Stelle eine ausführliche Widerlegung dieser Thesen erfolgen kann, seien deren methodische Mängel hervorgehoben. Zum ersten müssen sich diese Thesen ausschließlich auf die Apostelgeschichte beschränken, und zwar als Vermutungen ohne Anhalt im Text selbst; zum anderen lassen sie zwei wichtige Primärquellen außer Betracht: die von uns bis jetzt noch nicht genannten Briefe des Paulus an die Philipper und an Philemon, denen wir uns nun zuwenden.

IV. Methodische Folgerungen

Aus der Forschungslage ist zu folgern, daß die im Neuen Testament benutzten Quellen keine Angaben darüber enthalten, wann und unter welchen Umständen das Ende des Paulus stattgefunden hat. Es gibt zwar klare Hinweise darauf, daß Lukas als Verfasser der Apostel-

---

48 Für eine Untersuchung der von Adolf Deissmann vertretenen Ephesus-These s. Marlis Gielen, „Paulus – Gefangener in Ephesus?" *BN* 131 (2006) 79–103; 133 (2007) 63–77; Heike Omerzu, „Spurensuche: Apostelgeschichte und Paulusbriefe als Zeugnisse einer ephesischen Gefangenschaft des Paulus", in: *Die Apostelgeschichte im Kontext antiker und frühchristlicher Historiographie*, hg. von Jörg Frey, Clare K. Rothschild und Jens Schröter (BZNW 162; Berlin & New York: De Gruyter, 2009), 295–326.

49 Zum sog. Paulusgrab in Philippi s. die Erwägungen von Helmut Koester, *Paul and His World. Interpreting the New Testament in Its Context* (Minneapolis: Fortress Press, 2007), 70–79, 86–90.

geschichte um den Tod des Paulus wußte,[50] nicht aber um den Tod des Petrus.[51] Nach Lukas wird Paulus mit seiner vollen Absicht nach Rom an sein Ziel geschickt. Wußte Lukas demnach um das Ende des Paulus in Rom, so waren ihm anscheinend Einzelheiten unbekannt. Unbekannt bleibt uns heute, ob die Lukas vorliegenden Quellen weitere Kenntnisse enthielten, die er aus irgendwelchen Gründen verschweigt, oder ob auch diese Quellen nicht mehr wußten als er mitteilt. Was weder die Quellen noch Lukas selbst kennen, sind die Briefe des Paulus. Weder bestehen zwischen den Erzählungen über Philippi (Apg 16,11–40; 20,6) und den Briefen des Paulus nachweisbare Berührungen, noch wissen diese etwas von jenen (vgl. Phil 1,1; 4,15; 1 Thess 2,2). Im Blick auf die derzeitige Forschung ist es nötig, die alte methodische Regel Ferdinand Christian Baurs in Erinnerung zu rufen:[52]

> Man sollte nun zwar denken, in allen denjenigen Fällen, in welchen die Erzählung der Apostelgeschichte mit den eigenen Angaben des Apostels nicht ganz zusammenstimmt, müssen die letztern einen so entschiedenen Anspruch auf authentische Wahrheit haben, daß der Widerspruch der Apostelgeschichte gar nicht in Betracht kommen kann, allein dieser Kanon, so sehr er sich aus der Natur der Sache selbst ergeben zu müssen scheint, ist bisher nicht so befolgt worden, wie er es verdient hätte.

Die Frage nach dem Verbleib und Tod des Paulus in Rom muß daher auf Grund der einzigartigen Quellen des Philipperbriefes und des damit zusammenhängenden Philemonbriefes beantwortet werden. Da diese beiden Briefe zwar von Gefangenschaft und bevorstehendem Tod des Apostels reden, ohne aber den Ortsnamen Rom zu nennen, müssen diesbezügliche Fragen aus *inneren* und *äußeren* Kriterien der Briefe im Kontext der historisch-politischen Umwelt Roms ermittelt werden, nicht aber aus Vermutungen an Hand der Apostelgeschichte. Daraus sich ergebende Folgerungen bleiben zwar Wahrschein-

---

50 Zu den Stellen s. oben, Anm. 27.
51 Apg 15,7 wird Petrus zum letzten Mal genannt. Vgl. Martin Hengel, *Der unterschätzte Petrus. Zwei Studien* (Tübingen: Mohr Siebeck, 2006), 126: „Er [Lk] verabschiedet Petrus mit dessen betont propaulinischer Rede Apg 15,7–11, ohne ihn später noch einmal irgendwo zu erwähnen."
52 Ferdinand Christian Baur, *Paulus, der Apostel Jesu Christi. Sein Leben und Wirken, seine Briefe und seine Lehre* (Stuttgart: Becher & Müller, 1845), 4.

IV. Methodische Folgerungen

keitsurteile, aber diese beruhen auf verifizierbaren Fakten. Zu den *äußeren* Kriterien gehören auch einige Testimonien der sog. Apostolischen Väter. Der 1. Clemensbrief, geschrieben wohl Ende des 1. Jh. aus Rom nach Korinth, zitiert den 1. Korintherbrief (47,1–4), in Rom wie auch in Korinth vorhanden, und nennt die Martyrien des Petrus und Paulus ohne Quellenangabe (5,5–6).[53] Leider läßt sich nicht sagen, ob der Philipperbrief in Rom vorlag oder nicht. Vom Martyrium des Paulus wissen die Ignatiusbriefe, datiert um 110 n. Chr., da Ignatius als Nachahmer des Paulus nach Rom reist (IgnRom 6,3; IgnEph 12,1–2).[54] Polykarp von Smyrna bezeugt in seinem Brief an die Philipper den Tod des Ignatius als Nachfolger des Paulus (Polyk 9,1–2), sowie deren Sammlung der Briefe des Ignatius und wohl auch des Paulus (13,1–2).[55] Ihren Paulusbrief erhielten die Philipper ja aus seiner Hand durch den Boten Epaphroditus, aber welche anderen Paulusbriefe bereits in ihrem Besitz waren, ist unbekannt.

Eine weitere methodische Voraussetzung, die leider in der Literatur wenig oder nicht beachtet wird, ist, daß Paulus den Philipperbrief aus dem Gefängnis in Rom schrieb. Er mußte daher mit der Briefkontrolle durch die Bewacher, die zugleich Spitzeldienste zu leisten hatten, rechnen.[56] Der Brief an die Philipper vermeidet daher jede Bemerkung, die den Verdacht der Geheimpolizei Neros erregen konnte. So nennt er keine Personen mit Namen, es sei denn im günstigen Sinne. Seine Widersacher bleiben anonym, und die judenchristliche Gemeinde wird mit keinem Wort erwähnt, während Personen aus dem Prätorium (1,13) und dem kaiserlichen Palast (4,22) mit Lob bedacht

---

53 So Andreas Lindemann, „Clemensbriefe", *RGG* 2 ([4]1999) 397–98.
54 S. Boudewijn Dehandschutter, „Ignatiusbriefe", *RGG* ([4]2001) 34–36.
55 S. Matthias Günther, „Polykarpbrief", *RGG* 6 ([4]2003) 1480.
56 In Rom unter Nero wimmelte es von *frumentarii, delatores, speculatores* und *spectatores* (κατάσκοποι). S. Epictetus. *Diss.* 4.13.4–8; Tacitus, *ann.* 2.50; 3.25–28; etc.; *hist.* 4.6; Suetonius, *Nero* 10.1; im NT vgl. Gal 2,4; Apg 23,16–22. Grundlegend sind Otto Hirschfeld, „Die Sicherheitspolizei im römischen Kaiserreich", in Ders., *Kleine Schriften* (Berlin: Weidmann, 1913), 576–612; Friedrich Vittinghoff, *Der Staatsfeind in der römischen Kaiserzeit. Untersuchungen zur „damnatio memoriae"* (Berlin: Junker & Dünnhaupt, 1936); William Sinnigen, „The Roman Secret Service", *ClJ* 57 (1961) 65–72; Ramsay MacMullen, *Enemies of the Roman Order: Treason, Unrest and Alienation in the Empire* (Cambridge, MA: Harvard University Press, 1992), 163; Walter Eder, „Geheimpolizei", *DNP* 4 (1998) 863–64.

werden. Auch bietet sich der ganze Verkehr mit den Philippern, einer römischen Kolonie in Makedonien, ausnehmend romfreundlich dar. Es ist ferner damit zu rechnen, daß Paulus Unangenehmes in verdeckter Sprache verbirgt, deren wirklicher Hintergrund dann durch den Gesandten Epaphroditus mündlich erläutert werden konnte. Die Sprache der Gefangenschaftsbriefe ist daher anders zu lesen als die in Offenheit verfaßte Korrespondenz.

V. Der Philipperbrief und seine Geschichte

Zu den *inneren* Kriterien des Philipperbriefes gehört in erster Linie eine recht dramatische Geschichte, die sich aus ihm rekonstruieren läßt. Mit dieser Geschichte ist die Frage nach seiner sog. literarischen Einheit verbunden, die von den Exegeten seit jeher intensiv diskutiert worden ist. Dabei ist zu beanstanden, daß die sog. Teilungshypothesen unter Absehung vom geschichtlichen Ablauf vorgetragen wurden. Nicht zu unterschätzen ist vor allem auch der Hinweis Polykarps, der an einer Stelle im Plural von „Briefen" redet.[57] Diese Bemerkung ist ernst zu nehmen, denn sie wird durch die literarische Analyse des Philipperbriefes bestätigt. Obwohl diese hier nicht in voller Breite entfaltet werden kann, lassen sich, kurz gesagt, drei Bestandteile unterscheiden:
1. Der übergeordnete Hauptbrief: 1,1–3,1a; 4,1–9.21–23;
2. die Beilage einer Quittung: 4,10–20, eines πιττάκιον oder χειρόγραφον;
3. die Beilage eines Memorandums, Abschrift eines bereits früher geschriebenen Textes: 3,1b–21.[58]

Diese drei Briefschaften bilden eine „literarische Einheit" in dem Sinne, daß sie zusammen von Epaphroditus nach Philippi mitgenommen wurden (Phil 2,25–30; 4,18). Ihre Vereinigung zu einem Briefganzen erfolgte aber erst durch einen späteren Redaktor.

---

57 PolykPhil 3,2: „[Paulus], der auch abwesend Briefe an euch geschrieben hat ..." (... ὃς καὶ ἀπὼν ὑμῖν ἔγραψεν ἐπιστολάς, ...).
58 Zur weiteren Erörterung von 3,1–21 s. unten Abschnitt V,5.b. für andere Beurteilungen vgl. Johannes B. Bauer, *Die Polykarpbriefe* (KAV 5; Göttingen: Vandenhoeck & Ruprecht, 1995), 46–47.

V. Der Philipperbrief und seine Geschichte

1. Die Vorgeschichte

In den Briefschaften an die Philipper macht Paulus erstaunliche Mitteilungen, die seinen Übergang von seiner Mission in der Asia nach Makedonien betreffen. Dieser Übergang stellte einen bedeutungsvollen Schritt für Paulus dar, der offenbar sorgfältig vorbereitet worden war. Als Ort, von dem aus die Mission in Griechenland gestartet wurde, war die Stadt Philippi bestens geeignet. Von Octavianus Augustus nach der Schlacht bei Actium (31 v. Chr.) institutionell auf römischer Verfassungsbasis neu gegründet und mit römischen Veteranen besiedelt, war diese *Colonia Iulia Augusta Philippensis* eine römische Stadt, die gleichwohl neben eingesessenen Thrakern und Römern in der Mehrzahl aus Griechisch sprechenden Makedoniern bestand.[59] Die Stadt bot daher einen römischen Charakter, und die dort lebenden Makedonier verbanden griechische Sprache mit internationaler Beweglichkeit. Für Paulus und seine Mission bildete die Stadt eine Art Brückenkopf auf griechischem Boden vor der eigentlichen Begegnung mit kulturell selbstbewußten Griechen in Athen und Korinth. Da zu dieser Zeit sich von einer jüdischen Synagoge in Philippi keine Spur findet, war die Mission des Paulus in dieser Stadt zwar nicht vor Angriffen, aber doch vor solchen seitens jüdischer Gegner gefeit.[60]

Gegenüber den paulinischen Briefen zeigt die Apostelgeschichte ein anderes Bild, das hier nicht im einzelnen dargelegt zu werden braucht. Der Verfasser der Apostelgeschichte bemüht Sonderoffenbarungen, durch die der Apostel zum Abbruch der Mission in den nordwestlichen Regionen Kleinasiens (Phrygien, Galatien, Mysien, Bithynien und Troas) veranlaßt wurde (Apg 16,6–8). In einer Nachtvision erschien ihm ein Makedonier (16,9–10), der ihn aufforderte, nach Makedonien überzusetzen: „Komm herüber nach Makedonien und hilf uns!"[61] Die Deutung der Vision war klar: Es war Gott, der auf diese Weise angeordnet hatte, das Evangelium den Makedoniern zu

---

59 Vgl. hierzu Pilhofer, *Philippi,* I, Kapitel 1 und 2, mit reichem Material.
60 Von wem die Angriffe in Philippi ausgingen (vgl. 1 Thess 2,2.14–16), bleibt unklar.
61 Apg 16,9: διαβὰς εἰς Μακεδονίαν βοήθησον ἡμᾶς.

verkündigen.⁶² Ohne Nennung des Grundes war Philippi das Ziel, nach Apg 16,12 eine bedeutende Stadt Makedoniens und eine römische Kolonie.⁶³ Das Fehlen einer jüdischen Gemeinde als Anknüpfung überbrückt die Apostelgeschichte durch die Legende von Lydia (16,13–40) und der von ihr geleiteten Gebetsstätte (προσευχή, 16,13.16). Nach weiteren Episoden der Apostelgeschichte (16,16–40) war der Empfang von Paulus und Silas seitens der Philipper zuerst feindselig, wobei die ersteren als Juden (16,19–20) und die letzteren als Römer (16,21) bezeichnet wurden. Jedoch änderte sich deren Verhalten, nachdem Paulus und Silas sich als römische Bürger zu erkennen gaben (16,37–39). Von einer christlichen Gemeinde ist zunächst keine Rede, aber Apg 16,40 setzt dann doch die stereotype Bemerkung hinzu: „als sie die Brüder gesehen und ermahnt hatten, zogen sie weiter".

Anders lauten die Informationen, die Paulus selbst in seiner Quittung (Phil 4,10–20) vorträgt, und zwar zur Erinnerung an die Anfänge der philippischen Gemeindegründung (4,15):

> Ihr Philipper wißt ja auch selbst, daß am Beginn der Verkündigung des Evangeliums, als ich von Makedonien aufbrach, keine Gemeinde außer euch mit mir ein Partnerschaftsabkommen nach dem Prinzip von Geben und Nehmen geschlossen hat ...
>
> οἴδατε δὲ καὶ ὑμεῖς, Φιλιππήσιοι, ὅτι ἐν ἀρχῇ τοῦ εὐαγγελίου, ὅτε ἐξῆλθον ἀπὸ Μακεδονίας, οὐδεμία μοι ἐκκλησία ἐκοινώνησεν εἰς λόγον δόσεως καὶ λήμψεως εἰ μὴ ὑμεῖς μόνοι, ...

Diese Worte fassen die drei wichtigsten Ergebnisse des Übergangs nach Makedonien zusammen: in Philippi die Verkündigung des Evangeliums, die Gründung der Gemeinde (ἐκκλησία) und den Abschluß eines Vertrages vor der Abreise aus Makedonien. Aus dem 1. Thessalonicherbrief läßt sich weiter entnehmen, daß wie dort auch der Einzug (εἴσοδος) des Paulus in Philippi zunächst auf Widerstand traf: „Ihr wißt ja selbst, liebe Brüder, daß unser Einzug bei euch nicht umsonst war. Vielmehr, nachdem wir, wie ihr wißt, in Philippi zuvor viel gelitten haben und mißhandelt wurden, haben wir in unserem Gott in offe-

---

62 Apg 16,10: ὡς δὲ τὸ ὅραμα εἶδεν, εὐθέως ἐζητήσαμεν ἐξελθεῖν εἰς Μακεδονίαν συμβιβάζοντες ὅτι προσκέκληται ἡμᾶς ὁ θεὸς εὐαγγελίσασθαι αὐτούς.

63 Apg 16,12: ... εἰς Φιλίππους, ἥτις ἐστὶν πρώτη[ς] μερίδος τῆς Μακεδονίας πόλις, κολωνία (Text nach Nestle-Aland).

V. Der Philipperbrief und seine Geschichte

ner Rede euch das Evangelium Gottes verkündigt in hartem Kampfe."[64] Auch Phil 1,28–30 spricht der Apostel von Auseinandersetzung mit Gegnern (ἀντικείμενοι) und von hartem Kampf.[65]

Wer waren die gegen Paulus aufgetretenen Gegner? Da es zu der Zeit in Philippi keine Synagoge gab, können es keine jüdischen Konkurrenten gewesen sein, und auch in 1 Thess 2,14–16 spricht er nicht von jüdischen Gegnern, sondern von „eigenen Stammesgenossen" (ὑπὸ τῶν ἰδίων συμφυλετῶν), Makedoniern also, denen der Widerstand der judenchristlichen Gemeinden in Judaea gegen ihre nichtchristlichen Stammesgenossen als Vorbild angeführt wird. Daraus ergibt sich, daß sich der Gründung einer Kirche (ἐκκλησία) zwar ernste Schwierigkeiten entgegenstellten, die aber überwunden werden konnten. Worum es dabei sachlich ging, wissen wir nicht. Man kann aber vermuten, daß die Gründung einer ἐκκλησία nach römischem Recht Formalitäten einschloß, die nicht problemlos erfüllt werden konnten. Solche Formalitäten betrafen die Errichtung einer neuen Kultvereinigung für eine Gottheit, die sich nicht leicht in das römische Pantheon eingliedern ließ und die auch nicht unter die für Juden geltenden Ausnahmegarantien fiel.[66] Die ἀγῶνες, von denen Paulus berichtet, werden sich auf kontroverse Rechtsvorgänge bei der Einführung einer neuen Kultgottheit beziehen.[67]

Dieser Schluß scheint sich zu bestätigen durch ein Partnerschaftsabkommen (κοινωνία), an das der Apostel in Phil 4,15 erinnert. Dieses Abkommen machte die Kirche in Philippi zu Teilhabern (κοινωνοί) am Missionsunternehmen (κοινωνία εἰς τὸ εὐαγγέλιον).[68] In dieser Partnerschaft verpflichteten sich die Philipper auch zur

---

64 1 Thess 2,1–2: Αὐτοὶ γὰρ οἴδατε, ἀδελφοί, τὴν εἴσοδον ἡμῶν τὴν πρὸς ὑμᾶς ὅτι οὐ κενὴ γέγονεν, ἀλλὰ προπαθόντες καὶ ὑβρισθέντες, καθὼς οἴδατε, ἐν Φιλίπποις ἐπαρρησάμεθα ἐν τῷ θεῷ ἡμῶν λαλῆσαι πρὸς ὑμᾶς τὸ εὐαγγέλιον τοῦ θεοῦ ἐν πολλῷ ἀγῶνι.
65 1,30: τὸν αὐτὸν ἀγῶνα ἔχοντες, οἷον εἴδετε ἐν ἐμοὶ καὶ νῦν ἀκούετε ἐν ἐμοί.
66 Die Annahme des christlichen Glaubens war verbunden mit der Abkehr vom heidnischen Polytheismus (vgl. 1 Thess 1,9; Gal 4,8; 1 Kor 12,2; Röm 1,18–32).
67 Vgl. die Anklage gegen Paulus und Silas in Apg 16,20–21, sie seien Juden, die Römern verbotene Sitten propagieren (Ἰουδαῖοι ὑπάρχοντες, καὶ καταγγέλλουσιν ἔθη ἃ οὐκ ἔξεστιν ἡμῖν παραδέχεσθαι οὐδὲ ποιεῖν Ῥωμαίοις οὖσιν).
68 Zu κοινωνία vgl. Phil 1,5; 2,1; 3,10; συγκοινωνεῖν 4,14; συγκοινωνός 1,7.

Unterhaltung eines Missionsfonds, der nach dem Geschäftsprinzip von „Geben und Nehmen" (δόσις καὶ λήμψις) eingerichtet war. Danach waren die eingehenden Spenden so anzulegen, daß aus dem Ertrag (καρπός, 1,11.22; 4,17) auf Antrag des Paulus anfallende Kosten der Mission (ὑστερήματα, χρεῖαι)[69] bestritten werden konnten. Eigentümlich ist die Zusicherung, daß Paulus nur mit einer Gemeinde eine solche Partnerschaft eingegangen ist, nämlich Philippi.[70] Daraus läßt sich entnehmen, daß die Frage nach der Finanzierung der Mission von Anfang an unsicher war und daß der Apostel auch keinen Verdacht aufkommen lassen wollte, er nutze das Geldeintreiben zur Selbstbereicherung aus. Daß er diesem Verdacht dann doch ausgesetzt war, konnte er trotz aller Absicherung nicht vermeiden.[71] Andere Sammlungen mußten ebenfalls sorgfältig begründet werden.[72] Hinsichtlich der Kollekte für Jerusalem erwies sich die Skepsis der Korinther als nahezu unüberwindlich, aber durch die Mahnungen und Begründungen in 1 Kor 16,1–4 und in den Kollektenbriefen 2 Kor 8 und 9 konnte die Sammlung endlich abgeschlossen werden.[73] Paulus meldet den Abschluß im Römerbrief, sowie seinen Entschluß, die Kollekte selbst nach Jerusalem zu überbringen (Rom 15,25–31). Was dort aus ihr wurde, wissen wir nicht, weil sowohl der Philipperbrief als auch die Apostelgeschichte darüber schweigen.[74]

Noch an ein weiteres Beispiel erinnert der Apostel in Phil 4,16: „[Ihr wißt auch], daß ihr mir in Thessalonich mehrfach [Unterstüt-

---

69 Zu ὑστέρημα s. Phil 2,30; 1 Kor 16,17; 2 Kor 8,14; 9,12; 11,9; zu χρεία s. Phil 2,25; 4,16.19.
70 Phil 4,15: εἰ μὴ ὑμεῖς μόνοι.
71 Vgl. 2 Kor 2,17: οὐ γάρ ἐσμεν ὡς οἱ πολλοὶ καπηλεύοντες τὸν λόγον τοῦ θεοῦ ... 4,2, sowie meine Arbeit, *Der Apostel Paulus und die sokratische Tradition. Eine exegetische Untersuchung zu seiner ‚Apologie' 2 Korinther 10–13* (BHTh 45; Tübingen: Mohr Siebeck, 1972), 100–17.
72 Vgl. Gal 2,10; 2 Kor 9,9–14; Röm 15,26–27.
73 S. meinen Kommentar, *2 Corinthians 8 and 9: A Commentary on Two Administrative Letters of the Apostle Paul* (Hermeneia; Philadelphia: Fortress Press, 1985); dt. *2. Korinther 8 und 9. Ein Kommentar zu zwei Verwaltungsbriefen des Apostels Paulus*, übers. von Sibylle Ann (Hermeneia; Gütersloh: Kaiser, 1993).
74 Vgl. die Erwägungen Horns, *Das Ende des Paulus*, 21–35.

zung] geschickt habt zur Bestreitung der Kosten."[75] Diese Unterstützung durch die Philipper steht offenbar im Gegensatz zum Verzicht auf solche Hilfe durch die Thessalonicher selbst. Ihnen gegenüber hebt Paulus hervor, daß er seinen Unterhalt selbst verdient hat und ihnen nicht zur Last gefallen ist.[76] Motiviert ist dieser Verzicht durch die Sicherstellung der Unabhängigkeit und die Abwehr des Verdachts auf finanzielle Korruption. Von all dem ist in Apg 17,1–15 mit keinem Wort die Rede. Dagegen erwähnt Apg 17 Unruhen von Seiten der Juden, die Paulus zur Abreise nach Beröa und weiter nach Athen zwangen. Diese Sicht stützt sich demnach nicht auf die Thessalonicherbriefe, sondern anscheinend auf ein uns nicht gesondert überliefertes Itinerar.

Mit der Abreise aus Thessalonich und der Weiterreise nach Beröa, Athen und Korinth reißt daher die direkte Verbindung des Paulus mit den makedonischen Gemeinden ab.[77] Jedoch mögen sich Verbindungen mit Philippi durch die Kollekte für Jerusalem ergeben haben, denn Paulus berichtet über die reichen Gaben der verarmten Kirchen Makedoniens, die die wohlhabenden Korinther sich als Beispiel nehmen sollten (2 Kor 8,1–5; 11,8–9). Falls historisch, gehörten mehrere Makedonier zur Reisedelegation nach Jerusalem, die aus Philippi abreiste (Apg 20,1–6).[78]

Im allgemeinen aber ist zu sagen, daß es für Verbindungen zwischen Paulus und den Philippern während der Reisen nach Jerusalem und dann nach Rom kaum Gelegenheiten gab, womit dann auch die freudige Überraschung des Apostels beim Erscheinen des Mitarbeiters Epaphroditus in Rom zu erklären ist (Phil 4,10).

---

75 [οἴδατε] ... ὅτι καὶ ἐν Θεσσαλονίκῃ καὶ ἅπαξ καὶ δὶς εἰς τὴν χρείαν μοι ἐπέμψατε.
76 Zu diesem Topos s. 1 Thess 2,9; 4,11–12; 5,14; 2 Thess 3,8; 1 Kor 4,12; 9,3–18; Eph 4,28; Apg 20,34). Zum Unterhalt der Missionare s. Dieter Zeller, *Der erste Brief an die Korinther* (KEK 5; Göttingen: Vandenhoeck & Ruprecht, 2010), 298–315, mit weiterer Literatur.
77 Vgl. 1 Thess 2,17–18; 3,1–10.
78 Vgl. Betz, *2. Korinther 8 und 9*, 98–105, 168–71.

2. Die Gegenwart

Mit der genannten Ankunft endet die Vorgeschichte des Philipperbriefes, und dessen Bericht über die Gegenwart beginnt. Das Dankgebet an Gott (1,3–11) nennt als Hauptsache „die vom ersten Tage an bis jetzt bestehende Partnerschaft in der Evangeliumsverkündigung, im Vertrauen darauf, daß er, der das gute Werk unter euch begonnen hat, es bis zum Tag Christi Jesu auch vollendet haben wird."[79] Denkbar ist jedoch, daß die Philipper die lange Unterbrechung der Beziehungen seit der Abreise des Apostels nach Jerusalem dahingehend gedeutet haben, daß seine Missionsbestrebungen ihr Ende gefunden haben und daß damit der zwischen ihnen geschlossene Vertrag hinfällig geworden ist.

Wenn diese Vermutung zutrifft, ist die Frage zu stellen, wie es zur Wiederaufnahme der Verbindung gekommen ist. Die Antwort auf diese Frage scheint aus einem merkwürdigen Satz der Quittung hervorzugehen, in dem Paulus mögliche – und z.T. bis heute bestehende – Mißverständnisse ausräumt: „Es geht mir nicht darum, daß ich um das [persönliche] Geschenk nachsuche, sondern ich suche nach dem angehäuften Ertrag in eurem Fond."[80] Der zweimalige Ausdruck ἐπιζητεῖν gehört zur Geschäftssprache und steht für „Erkundigungen einziehen". Paulus beschreibt ein allgemeines Bestreben seinerseits, aber wahrscheinlich ist, daß es sich auf ein von ihm verfaßtes, jetzt aber verlorenes Schreiben an die Philipper bezieht, in dem er sich nach dem derzeitigen Stand des betreffenden Fonds erkundigt. In der vorliegenden Quittung (4,10–20) korrigiert Paulus die Philipper dahingehend, daß es sich bei dieser Anfrage nicht um ein persönliches Geschenk (δόμα, *donatio*) handelt, sondern um eine bestehende Vertragsobligation seitens der Philipper. Die Einlösung der bestehenden Obligation steht auch nicht im Belieben der Philipper, denn die Partnerschaft (κοινωνία) als solche stellt eine Opfergabe dar. Knapp aber eindeutig erinnern daran drei Epitheta (4,18): ὀσμὴ εὐωδίας, θυσία δεκτή, εὐάρεστον τῷ θεῷ („wohlriechender Opferduft, willkommenes

---

79 Phil 1,5–6: ... ἐπὶ τῇ κοινωνίᾳ ὑμῶν εἰς τὸ εὐαγγέλιον ἀπὸ τῆς πρώτης ἡμέρας ἄχρι τοῦ νῦν, πεποιθὼς αὐτὸ τοῦτο, ὅτι ὁ ἐναρξάμενος ἐν ὑμῖν ἔργον ἀγαθὸν ἐπιτελέσει ἄχρι ἡμέρας Χριστοῦ Ἰησοῦ.

80 4,17: οὐχ ὅτι ἐπιζητῶ τὸ δόμα, ἀλλὰ ἐπιζητῶ τὸν καρπὸν τὸν πλεονάζοντα εἰς λόγον ὑμῶν.

Opfer, Gott wohlgefällig"). Dieser Sachverhalt ist auch die Erklärung dafür, daß Paulus in der Quittung keinen Dank an die Philipper abstattet, sondern mit einer Doxologie an Gott endet (4,20).[81] Offenbar reagierten die Philipper auf die Anfrage des Paulus umgehend durch die Sendung des Epaphroditus, der überraschend bei Paulus in Rom auftauchte und ihm eine stattliche Summe Geldes überbrachte. Darüber stellte dieser die in 4,10–20 vorliegende Quittung aus und fügte sie dem Brief bei, den Epaphroditus bei seiner Rückreise nach Philippi mitnehmen sollte (4,18).[82]

Epaphroditus aber hatte nicht nur eine Summe Geldes überbracht, sondern auch Anfragen der philippischen Gemeinde zur derzeitigen Lage des Paulus (1,12: τὰ κατ' ἐμέ). Die Beantwortung richtet sich auf den Stand seiner Mission und seines Gerichtsverfahrens.

a) Der Stand der Mission

Der erste Punkt der Antwort betrifft nicht nur die Mission, sondern auch die diesbezügliche Partnerschaft mit den Philippern. Paulus kann berichten, daß seine Missionsanstrengungen auch unter der Bedingung der Gefängnishaft Fortschritte machen.[83] Paradoxerweise haben sich seine Fesseln (οἱ δεσμοί) als sichtbare Zeichen Christi[84] beim ganzen Prätorium[85] und allen übrigen Leuten herumgesprochen, sowie bei der Mehrzahl der Mitchristen Vertrauen und große Kühnheit bewirkt, furchtlos das Wort zu ergreifen. Gleichwohl sind die Meinungen geteilt. „Zwar reden die einen aus Neid und Streitsucht, während andere mit Zustimmung Christus verkündigen. Die einen tun es aus Liebe im

---

81 Die seit dem 19. Jh. immer wieder diskutierte Charakteristik des Briefes als „dankloser Dank" beruht also auf einer religionsgeschichtlichen Fehleinschätzung. Vgl. zuletzt John Reumann, *Philippians* (The Anchor Yale Bible; New Haven & London: Yale University Press, 2008), 685–726, der die Redensart auf Carl Holsten (1876) zurückführt.
82 Vgl. die Empfehlung des Mitarbeiters Epaphroditus in 2,25–30.
83 Phil 1,12: Γινώσκειν δὲ ὑμᾶς βούλομαι, ἀδελφοί, ὅτι τὰ κατ' ἐμὲ μᾶλλον εἰς προκοπὴν τοῦ εὐαγγελίου ἐλήλυθεν, …
84 1,13: ὥστε τοὺς δεσμούς μου φανεροὺς ἐν Χριστῷ γενέσθαι … Die Stelle setzt doch wohl sichtbare Fesseln voraus. Vgl. zum Begriff δεσμός Phil 1,7.14.17; Phlm 10.13; δέσμιος Phlm 1; Eph 3,1. Vgl. BDAG, s.v. δεσμός, δέσμιος; Reumann, *Philippians*, 152.
85 Gemeint ist m.M. das Prätorium in Rom; vgl. BDAG, s.v. πραιτώριον; Reumann, *Philippians*, 171–72; 196.

Wissen darum, daß es auf die Verteidigung des Evangeliums ankommt, während andere aus Opposition Christus in anstößiger Weise verkündigen, weil sie meinen, mit Hilfe meiner Fesseln für mich Bedrängnis hervorzurufen. Doch was soll's! Es geht doch darum, daß so oder so, durch Vorwand oder Wahrheit Christus verkündigt wird, und das gereicht mir zur Freude" (1,13–18).

Zum Fortgang der Mission gehört auch, daß Paulus nicht allein ist. Bei ihm sind sein engster Mitarbeiter und Mitverfasser Timotheus (1,1; 2,19–24; Phlm 1; 1 Thess 1,1; 3,2.6) und Epaphroditus, der Delegierte aus Philippi (1,25–30; 4,18),[86] sowie „andere Brüder" (4,21: οἱ σὺν ἐμοὶ ἀδελφοί). Diese Personen sind keine Mitgefangenen und stehen somit nicht unter Anklage.

b) Der Stand des Gerichtsverfahrens

Im Blick auf das Gerichtsverfahren kann Paulus nicht mehr sagen, als was er weiß (οἶδα, 1,19), und wie er zu dem steht, was er nicht weiß (οὐ γνωρίζω, 1,22). In seinem Eingangsgebet (1,3–9) betont er, daß er im Gebet des Herzens mit seiner Gemeinde in Philippi stets enge Verbindung behielt. Das geschah auch, seit er „in Ketten" (ἐν τοῖς δεσμοῖς μου) liegt und die ersten Stadien des Prozesses hinter sich hat.[87] Danach habe er die „Verteidigung" (ἀπολογία)[88] und die „Beweisführung" (βεβαίωσις)[89] bereits überstanden. Worum es bei ἀπολογία und

---

86 Vgl. auch den „Mitgefangenen" (συναιχμάλωτος μου ἐν Χριστῷ Ἰησοῦ) Epaphras Phlm 23; Kol 1,7; 4,10. Ob beide, Epaphroditos und Epaphras, identisch sind, ist nicht feststellbar. Unbeantwortbar ist auch die Frage, ob die in Phlm 24 genannten „Mitarbeiter" (σύνεργοι) Markus, Aristarchus, Demas und Lukas zu den in Phil 4,21 genannten „Mitbrüdern" gehören.

87 Eine genaue Beschreibung des Verfahrens gibt Paulus nicht. Vgl. Max Kaser, *Das römische Zivilprozeßrecht* (HA 10.3.4: *Rechtsgeschichte des Altertums*; München: Beck, 1996), 274–88; sowie für die betr. Darstellungen in der Apostelgeschichte Heike Omerzu, *Der Prozeß des Paulus. Eine exegetische und rechtshistorische Untersuchung der Apostelgeschichte* (BZNW 115; Berlin: de Gruyter, 2002). Ihre Frühdatierung des Philipperbriefes aus Ephesus (324–29) hat mich allerdings nicht überzeugt.

88 Zu diesem Begriff der Rechtssprache s. Phil 1,7.16, sowie Apg 19,33; 22,1–21; 24.10; 25,8.16; 26,1–23; 1 Kor 9,3; 2 Kor 12,19. Vgl. BDAG, s. v.; Reumann, *Philippians*, 118.

89 Auch der Begriff βεβαίωσις („Beweisverfahren"?) begegnet nur in Phil 1,7; vgl. das Verb βεβαιοῦν 1 Kor 1,8; 2 Kor 1,21; Röm 15,8. Zur Terminologie der Rechtssprache vgl. Kaser, *Zivilprozeßrecht*, 276–84; Ceslas Spicq,

βεβαίωσις ging, ist die Evangeliumsbotschaft, aber worin die Anklageschrift konkret bestand, wer als Ankläger auftrat und welches Beweismaterial vorgelegen hat, bleibt ungesagt.[90]

Demzufolge befindet sich Paulus nunmehr im Zustand der Erwartung des Urteils. Was aber bedeutet dieser Wartestand? Seine Aussagen hierzu in v. 19–20 sind von ausgewogener Klarheit. Danach sagt ihm seine Glaubensgewißheit, daß letztlich alles auf seine „Rettung" (σωτηρία) hinauslaufen wird,[91] und zwar als Erfüllung der Fürbitte der Philipper und durch den Beistand des Geistes Jesu Christi. In welcher Weise wird diese Gewißheit konkret? Sie erlaubt einen Zustand der „Erwartung und Hoffnung" (ἀποκαραδοκία καὶ ἐλπίς) darauf, „daß ich in keiner Weise geschändet werde, sondern daß wie sonst immer so auch jetzt in aller Offenheit der Rede und selbst an meinem Leib Christus verherrlicht werde, sei es durch Leben, sei es durch Tod".[92]

Was können die Philipper, für die der Brief bestimmt ist, aus dieser allgemeinen Formulierung entnehmen? Verrät diese Lage des Paulus die hilflos schwankende Stimmung eines Gescheiterten? Bleibt ihm nur noch das passive Warten darauf, was die Gerichtsherren über Leben und Tod beschließen werden? Was niemanden überrascht, sind die beiden Optionen *absolutio* oder *condemnatio*, Leben oder Tod. Welche Aussichten sind damit verbunden? Welche persönliche Stimmung, Optimismus oder Pessimismus, will Paulus die Leser wissen lassen? – Die Leser, das sind nicht nur die Philipper, sondern auch die Spitzel Neros, die die Post der Gefangenen kontrollieren.

Notes de lexicographie néo-testamentaire (OBO 22/1; Fribourg/Suisse: Editions universitaires; Göttingen: Vandenhoeck & Ruprecht, 1978), I, 182–85; BDAG, s. v.; Reumann, *Philippians*, 118.

90 Der Satz in 1,7 enthält nur unanstößige Andeutungen: Καθώς ἐστιν δίκαιον ἐμοὶ τοῦτο φρονεῖν ὑπὲρ πάντων ὑμῶν διὰ τὸ ἔχειν με ἐν τῇ καρδίᾳ ὑμᾶς, ἔν τε τοῖς δεσμοῖς μου καὶ ἐν τῇ ἀπολογίᾳ καὶ βεβαιώσει τοῦ εὐαγγελίου συγκοινωνούς μου τῆς χάριτος πάντας ὑμᾶς ὄντας.

91 Der Begriff ist mehrdeutig; er bezieht sich sowohl auf „Rettung" aus der Gefangenschaft als auch auf eschatologische Erlösung (Phil 1,19.28; 2,12; vgl. 3,20).

92 1,20: κατὰ τὴν ἀποκαραδοκίαν καὶ ἐλπίδα μου, ὅτι ἐν οὐδενὶ αἰσχυνθήσομαι ἀλλ' ἐν πάσῃ παρρησίᾳ ὡς πάντοτε καὶ νῦν μεγαλυνθήσεται Χριστὸς ἐν τῷ σώματί μου, εἴτε διὰ ζωῆς, εἴτε διὰ θανάτου.

c) Eine grundsätzliche Stellungnahme

Was immer Paulus als Stellungnahme formuliert, darf sich nicht nur auf die eine oder andere Option, Leben oder Tod, beschränken, sondern muß grundsätzlich für beide Optionen zugleich gelten, sowie auch für Gegenwart und Zukunft. Darum trägt er seine Stellungnahme als eine sehr sorgfaltig formulierte Spruchkomposition in v. 21–26 vor.

21 Denn für mich [gilt]: Leben [ist] Christus und Sterben Gewinn.
22 Wenn ich aber im Fleische [am Leben] bleiben sollte, dann [heißt das] für mich Frucht der Arbeit, aber dann weiß ich nicht, was ich wählen soll.
23 Nach zwei Seiten werde ich gezogen: [Eigentlich] geht mein Verlangen dahin, aufzubrechen und bei Christus zu sein, denn das wäre ja auch weit besser.
24 Am Leben im Fleische zu bleiben, ist aber nötiger um euretwillen.
25 Im Vertrauen darauf weiß ich, daß ich bleiben und euch allen erhalten werde, euch zum Fortschritt und zur Freude im Glauben.
26 Damit wird euer Ruhm, den ihr in Jesus Christus habt, durch mich noch größer werden, wenn ich wieder zu euch komme.

21 Ἐμοὶ γὰρ τὸ ζῆν Χριστὸς καὶ τὸ ἀποθανεῖν κέρδος.
22 εἰ δὲ τὸ ζῆν ἐν σαρκί, τοῦτό μοι καρπὸς ἔργου, καὶ τί αἱρήσομαι οὐ γνωρίζω.
23 συνέχομαι δὲ ἐκ τῶν δύο, τὴν ἐπιθυμίαν ἔχων εἰς τὸ ἀναλῦσαι καὶ σὺν Χριστῷ εἶναι, πολλῷ [γὰρ] μᾶλλον κρεῖσσον·
24 τὸ δὲ ἐπιμένειν [ἐν] τῇ σαρκὶ ἀναγκαιότερον δι' ὑμᾶς.
25 καὶ τοῦτο πεποιθὼς οἶδα ὅτι μενῶ καὶ παραμενῶ πᾶσιν ὑμῖν εἰς τὴν ὑμῶν προκοπὴν καὶ χαρὰν τῆς πίστεως,
26 ἵνα τὸ καύχημα ὑμῶν περισσεύῃ ἐν Χριστῷ Ἰησοῦ ἐν ἐμοὶ διὰ τῆς ἐμῆς παρουσίας πάλιν πρὸς ὑμᾶς.

Die Komposition v. 21–26 besteht aus drei Teilen: einer einleitenden *sententia* (γνώμη, v. 21), gefolgt von einem Kommentar *(expositio)*, in dem die Hauptbegriffe der Reihe nach erläutert werden (v. 22–25), und endend mit einem Schlußsatz *(epilogus)*, der die Konsequenz zusammenfaßt (v. 26).

Mit dieser Spruchkomposition nimmt Paulus Stellung zu einem Thema, das in der griechischen und römischen gnomologischen Literatur intensiv diskutiert wurde.⁹³ In einem 1994 zuerst veröffentlichten Aufsatz mit dem Titel „Die Waagschalen von Leben und Tod. Zum antiken Hintergrund von Phil 1,21–26" hat Samuel Vollenweider an Hand vieler Beispiele diesen Hintergrund aufgezeigt.⁹⁴ In dieser Literatur geht es in vielen Variationen um die Frage: Was ist der „Gewinn" (κέρδος), d. h. was ist besser und zu bevorzugen, Leben oder Tod? Die Bewertung geschieht durch Vergleiche der jeweiligen Vorteile bzw. Nachteile *(syncrisis)*; den Zuschlag bekommt zumeist die eine oder andere Weisheits- oder Philosophenschule, wobei die Lehre von der unsterblichen Seele eine entscheidende Rolle spielt.

Darum steht auf populärer ebenso wie auf philosophischer Ebene die Seelenlehre des platonischen Sokrates im *Phaidon*, einschließlich dessen Rezeptionsgeschichte, oder deren Ablehnung durch Skepsis und Epikureismus zur Verhandlung. Die Form der Argumentation ist daher enthymematisch, d. h. die jeweilige Stellungnahme gibt sich als Schlußfolgerung aus einer Begründung. So leitet Paulus mit den Worten „Was mich betrifft" (ἐμοὶ γὰρ) eine Intervention in eine – wie anzunehmen – auch den Philippern nicht unbekannte Debatte ein. Seine Bestimmung des κέρδος ist einzigartig und führt eine neue christliche Variante ein, die sowohl der pythagoreisch-platonischen Seelenlehre als auch ihrer skeptisch-epikureischen Ablehnung widerspricht. Der „Gewinn" des Todes ist demnach weder die Befreiung der Seele aus dem Gefängnis des sterblichen Leibes, noch das ersehnte Ende eines Lebens voller Leiden, Bedrängnisse, Qualen und Ängste. Im Gegensatz dazu bewertet Paulus die beiden Begriffe Leben und Tod neu. Die Chiffre „Christus" steht für den gekreuzigten und auf-

---

93 Reichhaltige Quellen liegen vor in den Sammlungen des Ioannes Stobaeus, hg. Hermann Beckby, *Anthologia Graeca* (Tusculum-Bücherei, 4 Bde.; München: Heimeran, 1957–58), besonders Buch VII und X; sowie auch in den Grabinschriften, s. dazu Richard Lattimore, *Themes in Greek and Latin Epitaphs* (Urbana: University of Urbana Press, 1942; Werner Peek, *Griechische Grabgedichte* (SQAW 7; Berlin: Akademie-Verlag, 1960); Hieronymus Geist, *Römische Grabinschriften*, hg. von Gerhard Pfohl (Tusculum-Bücherei; München: Heimeran, 1969); Imre Peres, *Griechische Grabinschriften und neutestamentliche Eschatologie* (WUNT 157; Tübingen: Mohr Siebeck, 2003).
94 *ZNW* 85 (1994) 93–115; abgedruckt in seinem Aufsatzband *Horizonte neutestamentlicher Christologie* (WUNT 144; Tübingen: Mohr Siebeck, 2002), 237–61.

erstandenen „Erlöser" (σωτήρ, 3,20), der dem menschlichen Leben und dem Tod zugleich die Teilnahme am göttlichen Leben Christi eröffnet. Der „Gewinn" ist demnach Leben, gleicherweise gültig für Leben und Tod, also genau entgegengesetzt der skeptisch-epikureischen Option, wonach der „Gewinn", auch gleicherweise gültig für Leben und Tod, aber in der Erkenntnis von beider Nichtigkeit besteht.

Angewendet auf die Situation des Paulus heißt dies, daß sein Leben „im Fleische" (ἐν σαρκί) identisch mit dem Leben Christi ist, woran sein physischer Tod, wenn er ihm beschieden ist, nichts ändern kann. Es geht daher nicht um die Frage der Bevorzugung, sondern der Notwendigkeit. Sein Weiterleben „im Fleische" resultiert in seinem fortgesetzten Dienst am „Werk Christi" (τὸ ἔργον Χριστοῦ, 2,30; cf. 1,6). Den Ausschlag gibt für ihn seine Ethik des Verzichts, d. h. die Hintansetzung seines persönlichen Wunsches, bei Christus zu sein, zugunsten des notwendigeren Dienstes am Fortschritt der Gemeinde in ihrem Glaubensleben (v. 25–26).[95] Der erzielte „Gewinn" ist demzufolge die innere Freiheit vom Ausgang des Gerichtsverfahrens. Damit ist ein Gewinn an Zeit für die vor Augen liegenden Aufgaben, sowie für die nähere und weitere Zukunft gegeben.

d) Notwendige Aufgaben
Als dringende Aufgabe sieht Paulus die Regelung des Geschicks seiner Mitarbeiter. Dazu gehört die Ankündigung der baldigen Heimreise des Timotheus, für den er in 2,19–24 eine Empfehlung einfügt, die auf nichts weniger hinausläuft, als daß er ihn als seinen Nachfolger deklariert: „Ich habe niemanden, der so gleichen Sinnes ist wie er, der sich eurer Belange mit solcher Lauterkeit annehmen wird."[96] „Seine Bewährung kennt ihr: Wie ein Kind dem Vater, so hat er mit mir zusammen dem Evangelium gedient."[97]

Nur wenig geringer ist die warme Empfehlung des Epaphroditus (2,25–30), den Paulus als seinen „Bruder", „Mitarbeiter" und „Mit-

---

95 Zum Verzichtopfer des Paulus s. auch Phil 2,14–17, bes. v. 17: Ἀλλὰ εἰ καὶ σπένδομαι ἐπὶ τῇ θυσίᾳ καὶ λειτουργίᾳ τῆς πίστεως ὑμῶν, χαίρω καὶ συγχαίρω πᾶσιν ὑμῖν. Siehe hierzu meinen Aufsatz „Geschichte und Selbstopfer" (wie oben, Anm. 16), 82–84.
96 2,20: οὐδένα γὰρ ἔχω ἰσόψυχον, ὅστις γνησίως τὰ περὶ ὑμῶν μεριμνήσει·
97 2,22: τὴν δὲ δοκιμὴν αὐτοῦ γινώσκετε, ὅτι ὡς πατρὶ τέκνον σὺν ἐμοὶ ἐδούλευσεν εἰς τὸ εὐαγγέλιον.

streiter" auszeichnet, der von den Philippern als ihr Gesandter und Diener seiner Bedürfnisse geschickt worden war.[98] Von ihm berichtet Paulus, daß er von einer beinahe tödlich verlaufenen Krankheit eben genesen ist und darauf drängt, möglichst bald die Rückreise antreten zu können (2,26–27). Sein Lob ergeht in derart überschwenglichen Worten, daß sich der Verdacht nahelegt, Epaphroditus sei ins Visier der Spitzel Neros geraten und damit sei seine baldige Abreise notwendig geworden (2,28–30). Es entspricht durchaus dem zu erwartenden Briefstil eines Gefangenen, Unangenehmes hinter unverdächtigen Worten zu verstecken. Die dringende Abreise des Epaphroditus zwingt den Apostel auch zum baldigen Abschluß der Briefschaften, die jener nach Philippi mitnehmen soll. Epaphroditus ist demnach der zuerst Abreisende, der die Briefschaften und alle weiteren Nachrichten nach Philippi überbringen soll. Die Tatsache, daß wir heute den Philipperbrief vorliegen haben, bedeutet, daß diese Reise erfolgreich abgeschlossen wurde. In diesem Briefe drückt Paulus auch seine Hoffnung aus, daß er als letzter in naher Zukunft Rom verlassen und nach Philippi kommen will. „Ich vertraue im Herrn darauf, daß ich auch selbst so schnell wie möglich abreisen kann."[99] Auf den ersten Blick scheint dieses Vertrauen seinem Wunsch zu widersprechen, „abzuscheiden und bei Christus" zu sein (1,23). Jedoch bedeutet sein Verzicht auf diesen Wunsch (1,24–26), bereit zu sein für einen „normalen" Ablauf des Rechtsprozesses, dessen Urteilsspruch nur auf seine *absolutio* hinauslaufen kann. Es ist also nichts mit seiner Sehnsucht nach dem Martyrium.[100] Wenn die Hoffnung des Paulus sich letztlich nicht erfüllt hat, war dies eine Folge des Zusammenbruchs des römischen Rechtssystems unter dem Terrorregime des Nero und Tigellinus.

---

98 2,25: Ἀναγκαῖον δὲ ἡγησάμην Ἐπαφρόδιτον τὸν ἀδελφὸν καὶ σύνεργον καὶ συστρατιώτην μου, ὑμῶν δὲ ἀπόστολον καὶ λειτουργὸν τῆς χρείας μου, …
99 2,24: πέποιθα δὲ ἐν κυρίῳ ὅτι καὶ αὐτὸς ταχέως ἐλεύσομαι. Vgl. auch 1,25; Phlm 22.
100 Vgl. die bekannte These Ernst Lohmeyers, *Der Brief an die Philipper* (KEK 9; Göttingen: Vandenhoeck & Ruprecht; ^{9}1953), 36–37 und passim; Joachim Gnilka, *Der Philipperbrief* (HThKNT 3; Freiburg: Herder, 1968), 155; Reumann, *Philippians*, 547–50; Udo Schnelle, *Paulus. Leben und Denken* (Berlin & New York: de Gruyter, 2003), 425–31.

Mit dem üblichen Briefschluß, den Grüßen der in Rom anwesenden Freunde, unter denen die Angehörigen des Kaiserhauses hervorgehoben werden,[101] und der Segenserteilung kommt der Brief zu seinem Ende (4,21–23).

3. Die Zukunft

Wie Briefe grundsätzlich, so hat auch der Philipperbrief eine Zukunftsdimension. Diese Dimension ist wiederum unterteilt in die unmittelbare, die weitere und die eschatologische Zukunft.

a) Die unmittelbare Zukunft fällt mit der Ankunft des Epaphroditus in Philippi und der Übergabe der Briefschaften zusammen, wobei den Philippern zusätzlich mündliche Informationen mitgeteilt werden. In seinem überschwenglichen Lob des Epaphroditus (2,25–30) ersucht Paulus die Adressaten, diesen mit entsprechender Freude und Wertschätzung zu empfangen (v. 29). Durch seine Gesundung von schwerer Krankheit und die vorzeitige Rückreise habe er Paulus vor größeren Übeln bewahrt und dabei seinen Auftrag unter Lebensgefahr erfüllt (v. 30). Was sich hinter diesen Worten verbirgt, wird Paulus selbst den Philippern mündlich erklären. Daß die Gemeinde große Freude erleben wird, kann er als sicher annehmen.[102]

b) Die weitere Zukunft ist Sache der *Paränese*, die in allen Briefteilen von überwiegender Bedeutung ist (1,27–30; 2,1–18; 4,1–9). Im Einklang mit seiner Stellungnahme in 1,21–26 betont Paulus wiederholt, daß die Verbindlichkeit der Paränese für seine An- und Abwesenheit gilt.[103] Einerseits hört er nicht auf, seine baldige Ankunft in Philippi anzukündigen (vgl. 1,25–26; 2,12.24; 4,1), andererseits deutet das Übergewicht der Paränese wohl eine Zukunft ohne seine leibhafte Anwesenheit an.

---

101 4,22: οἱ ἐκ τῆς Καίσαρος οἰκίας. Vgl. 1,13. Was für Leute man sich darunter vorzustellen hat, ist umstritten. Siehe BDAG, s. v. οἰκία, 3; Reumann, *Philippians*, 729–30.

102 Die Wichtigkeit der Freude steht in krassem Gegensatz zum Ernst der Situation (vgl. 1,4.18.25; 2.2.17.18.28.29; 3,1; 4,4.10).

103 1,27: ... ἵνα εἴτε ἐλθὼν καὶ ἰδὼν ὑμᾶς εἴτε ἀπὼν ἀκούω τὰ περὶ ὑμῶν, ὅτι ... Cf. 2,12; 1 Kor 5,3; 2 Kor 10, 2.11; 11,9; 13,2; Kol 1,6; 2,5.

So beginnt die Paränese mit der grundsätzlichen Erklärung: „Eines nur ist wichtig: Ihr sollt als Bürger eurer Stadt leben, würdig des Evangeliums Christi."[104] Diese bei Paulus einzigartige Forderung des πολιτεύεσθαι läßt römische Werte anklingen.[105] Sie richtet sich nicht nur auf die individuelle Lebensweise, sondern vor allem auf das politisch-soziale Verhalten als Bürgergemeinschaft (πολίτευμα) inmitten anderer Gruppen der Stadt.[106] Diese vorrangig politische Weisung ist jedoch zu unterscheiden vom eschatologischen Begriff der „himmlischen Bürgerschaft" (πολίτευμα) in 3,20.[107] In 1,27–30 konkretisiert er die politische Paränese in dreifacher Weise:

> ... daß ich über euch höre, wie ihr fest steht in einem Geiste und eines Sinnes gemeinsam kämpft im Glauben [oder: in Treue] für das Evangelium, und ihr in keiner Weise euch einschüchtern laßt durch die Widersacher, was gerade diesen als Anzeichen für eure Vernichtung dient, euch aber für eure Rettung, – und das von Gott. Ihr habt die Gnade des „für Christus" empfangen, das heißt nicht nur an ihn zu glauben, sondern auch für ihn zu leiden, indem ihr denselben Kampf führt, den ihr an mir gesehen habt und von dem ihr jetzt zu hören bekommt.

> ... ἀκούω τὰ περὶ ὑμῶν, ὅτι στήκετε ἐν ἑνὶ πνεύματι, μιᾷ ψυχῇ συναθλοῦντες τῇ πίστει τοῦ εὐαγγελίου καὶ μὴ πτυρόμενοι ἐν μηδενὶ ὑπὸ τῶν ἀντικειμένων, ἥτις ἐστὶν αὐτοῖς ἔνδειξις ἀπωλείας, ὑμῶν δὲ σωτηρίας, καὶ τοῦτο ἀπὸ θεοῦ· ὅτι ὑμῶν ἐχαρίσθη τὸ ὑπὲρ Χριστοῦ, οὐ μόνον τὸ εἰς αὐτὸν πιστεύειν ἀλλὰ καὶ τὸ ὑπὲρ αὐτοῦ πάσχειν, τὸν αὐτὸν ἀγῶνα ἔχοντες, οἷον εἴδετε ἐν ἐμοὶ καὶ νῦν ἀκούετε ἐν ἐμοί.

Einmal gilt es, die Einheit der Gemeinde – und damit der Stadt – zu bewahren, d. h. Spaltungen zu vermeiden. Sodann, sich von Widersachern nicht einschüchtern zu lassen, wobei es keine Rolle spielt, wer diese Gegner sind. Letztlich kommt es darauf an bereit zu sein, als Teil des Glaubens an Christus auch Leiden für ihn auf sich zu nehmen. Den Kampf, den sie bei Paulus sahen und von dem sie jetzt hö-

---

104 Μόνον ἀξίως τοῦ εὐαγγελίου τοῦ Χριστοῦ πολιτεύεσθε ...
105 Die nächste Parallele ist Röm 13,1–7; s. hierzu die Arbeit von Stefan Krauter, *Studien zu Römer 13,1–7* (WUNT 243; Tübingen: Mohr Siebeck, 2009).
106 So mit Recht R.R. Brewer, "The Meaning of πολιτεύεσθε in Philippians 1:27," *JBL* 73 (1954) 76–83; E.C. Miller, "πολιτεύεσθε in Philippians 1:27: Some Philological and Thematic Observations," *JSNT* 15 (1982) 86–96; BDAG, s. v.; Reumann, *Philippians*, 285–89.
107 ἡμῶν γὰρ τὸ πολίτευμα ἐν οὐρανοῖς ὑπάρχει, ...

ren, müssen sie auch selber auf sich nehmen. Ohne Frage stellt Paulus sie vor Anforderungen, die nicht nur den christlichen Glauben betreffen, sondern auch Werte römischer Pflichtethik anerkennen.[108] Diese Pflichtethik bedient sich, wie Edgar Krentz hervorgehoben hat, auch militärischer Ausdrücke und Vorstellungen, was wiederum die Eigenart der paulinischen Sprache beeinflußt hat.[109] Mithin verweist Paulus die Philipper darauf, daß sie in Zukunft ihre politischen Geschicke selbst in die Hand nehmen müssen.

Wo bleibt dann aber die spezifisch christliche Qualität dieser Paränese? Wie ist diese mit jener zu vereinbaren? Dieser Frage wendet sich Paulus im weiteren Abschnitt 2,1–4 zu, indem er zunächst die entsprechenden theologischen und ethischen Grundlagen zusammenfaßt, die den Philippern wohlbekannt sein dürften. Es geht demnach nicht um Parolen zugunsten politischer Parteien, sondern erst einmal um die Einstimmung in eine „Denkweise" (φρονεῖν),[110] die ihrerseits am maßgebenden Bild Christi, wie es der berühmte Christus-Hymnus (2,6–11) beschreibt, orientiert ist: „Laßt eure Denkweise von dem bestimmt sein, das auch in Christus Jesus gilt" (τοῦτο φρονεῖτε ἐν ὑμῖν ὃ καὶ ἐν Χριστῷ Ἰησοῦ, …). Wie von den Exegeten mit Recht angenommen wird, tritt das Bild Christi vor Augen, wie es im Hymnus anschaulich besungen wird.[111]

---

108 Selbst der Begriff πίστις, πιστεύειν schließt den zentralen römischen Wert der „Treue" ein. Siehe hierzu Hubert Cancik, „Fides, Pistis und Imperium", in: *Römische Religion im Kontext. Gesammelte Aufsätze I* (Tübingen: Mohr Siebeck, 2008), 178–97).

109 S. mit Beispielen Edgar M. Krentz, "Military Language and Metaphors in Philippians," in: Bradley H. McLean, Hg., *Origins and Method: Towards a New Understanding of Judaism and Christianity, Essays in Honour of John C. Hurd* (JSNT.S 86; Sheffield: Sheffield Academic Press, 1993), 105–27; Ders., "Paul, Games, and the Military," in: J. Paul Sampley, Hg., *Paul in the Greco-Roman World: A Handbook* (Harrisburg: Trinity Press International, 2003), 344–83.

110 Das Verb φρονεῖν begegnet 1,7; 2,5; 3,15.19; 4,10. Die deutsche Übersetzung als „Denken" ist mißverständlich, wenn dies als abstraktes Theoretisieren oder als psychologisch-moralische Gesinnung genommen wird. Das griechische Wort hat einen philosophischen Hintergrund und meint ein mit praktischem Wollen verbundenes Denken. Vgl. BDAG, s. v. φρονέω, 3.

111 Die Übersetzung nach Züricher Bibel (2007); der griechische Text nach Nestle-Aland, ^{27}1993).

6   Er, der doch von göttlichem Wesen war,
    hielt nicht wie an einer Beute daran fest,
    Gott gleich zu sein,
7   sondern gab es preis
    und nahm auf sich das Dasein eines Sklaven,
    wurde den Menschen ähnlich,
    in seiner Erscheinung wie ein Mensch.
8   Er erniedrigte sich
    und wurde gehorsam bis zum Tod,
    bis zum Tod am Kreuz.
9   Deshalb hat Gott ihn auch über alles erhöht
    und ihm den Namen verliehen,
    der über alle Namen ist,
10 damit im Namen Jesu
    sich beuge jedes Knie,
    all derer, die im Himmel und auf Erden und unter der Erde sind,
11 und jede Zunge bekenne,
    daß Jesus Christus der Herr ist,
    zur Ehre Gottes des Vaters.

6   ὃς ἐν μορφῇ θεοῦ ὑπάρχων
    οὐχ ἁρπαγμὸν ἡγήσατο
    τὸ εἶναι ἴσα θεῷ,
7   ἀλλὰ ἑαυτὸν ἐκένωσεν,
    μορφὴν δούλου λαβών,
    ἐν ὁμοιώματι ἀνθρώπων γενόμενος·
    καὶ σχήματι εὑρεθεὶς ὡς ἄνθρωπος
8   ἐταπείνωσεν ἑαυτὸν
    γενόμενος ὑπήκοος μέχρι θανάτου,
    θανάτου δὲ σταυροῦ.
9   διὸ καὶ ὁ θεὸς αὐτὸν ὑπερύψωσεν
    καὶ ἐχαρίσατο αὐτῷ τὸ ὄνομα
    τὸ ὑπὲρ πᾶν ὄνομα,
10 ἵνα ἐν τῷ ὀνόματι Ἰησοῦ
    πᾶν γόνυ κάμψῃ
    ἐπουρανίων καὶ ἐπιγείων καὶ καταχθονίων
11 καὶ πᾶσα γλῶσσα ἐξομολογήσηται ὅτι
    κύριος Ἰησοῦς Χριστὸς
    εἰς δόξαν θεοῦ πατρός.

Dieser Hymnus, der seit der bahnbrechenden These von Ernst Lohmeyer Gegenstand vieler Untersuchungen war, kann hier natürlich nicht in angemessener Weise diskutiert werden.[112] Von unbekannter Herkunft zwar, entspricht er doch der paulinischen Theologie. Manche Gründe sprechen für die Vermutung, daß er von Paulus selbst stammt und vielleicht seinen Philippern bereits bekannt war. Er plaziert ein Fragment davon als Einlage zur Erinnerung an das maßgebende Vorbild Christi. Zu beachten ist, daß der Hymnus die Gestalt Christi als eines kosmischen Herrschers und Erlösers preist, und zwar ohne kontrovers-politische Aussagen damit zu verbinden. Das empfahl sich im damaligen Kontext um so mehr, als der Hymnus seitens der römischen Behörden leicht Verdacht erregen konnte, gegen den Kaiser gerichtet zu sein. Aus römischer Perspektive nimmt das Bild eines kosmischen Herrschers Christus allerdings eine Stelle ein, die auch sonst, obgleich spannungsvoll, von nichtrömischen Gottheiten eingenommen werden konnte, indem sie in das imperiale Pantheon eingereiht wurden.[113]

Mit der erneuten Anrede der Philipper zieht Paulus in v. 12 die Konsequenzen für die Gemeindeparänese: „Daher, meine Geliebten ..." (ὥστε, ἀγαπητοί μου ...). Der Wortlaut in v. 12–18 verbindet äußerste Knappheit mit schonungsloser Härte.[114] Die Härte betrifft in den Schlußsätzen ihn selbst. Der Apostel spricht hier Dinge aus, die in seinen Briefen in dieser Kompromißlosigkeit sonst nicht zu finden sind. Bemerkenswert im Abschnitt v. 14–16 ist, daß eine Reihe formelhafter Wendungen, die auch anderswo belegt sind, hastig zusammengestellt zu sein scheinen. Er beginnt mit einem Lob auf die

---

112 Ernst Lohmeyer, *Kyrios Jesus. Eine Untersuchung zu Phil. 2,5–11* (SHAW.PH 1927/28, Abh. 4; Nachdruck Heidelberg: Winter, 1961); Werner Schmauch, *Beiheft* [zu Lohmeyers Kommentar zum Philipperbrief] (Göttingen: Vandenhoeck & Ruprecht, 1964), 19–33. Zu umfangreichen Berichten über die Forschungsgeschichte vgl. Ralph P. Martin, *A Hymn of Christ: Philippians 2:5–11 in Recent Interpretation and in the Setting of Early Christian Worship* (Downers Grove, IL: InterVarsity Press, 1997); ders. und B.J. Dodd, Hg., *Where Christology Began: Essays on Philippians 2* (Louisville: Westminster/John Knox Press, 1998); Reumann, *Philippians*, 333–83 (mit Bibliographie).

113 Vgl. auch Samuel Vollenweider, „Der ‚Raub' der Gottgleichheit. Ein religionsgeschichtlicher Vorschlag zu Phil 2,6 (–11)", *NTS* 45 (1999) 413–33; abgedruckt in ders., *Horizonte* (wie oben, Anm. 94), 263–84.

114 Text und Übersetzung dieses Abschnitts sind voller Probleme, die hier nicht behandelt werden können. Meine Übersetzung versucht, nahe am Text zu bleiben.

Philipper, gesprochen von einem, der in seiner Machtlosigkeit als Gefangener eigentlich keine Befugnis zu solchen Worten hat. Und doch, wie aus dem folgenden deutlich wird, nimmt er sich diese Befugnis als letztes Wort eines zum Opfergang Willigen.[115]

Zunächst erinnert er an das bislang vorbildliche Verhalten der Philipper: „Wie ihr schon immer gehorsam wart, und zwar nicht nur in meiner Gegenwart, sondern um vieles mehr jetzt in meiner Abwesenheit."[116] Ihnen hält er das Paradox ihrer christlichen Existenz ungeschminkt vor: „Arbeitet mit Furcht und Zittern für eure eigene Rettung."[117] Zugleich gilt: „Gott ist es doch, der in euch das Wollen und auch das Vollbringen bewirkt, zu [seinem] Wohlgefallen."[118] Selbst wenn es widersprüchlich scheint, „Tut alles ohne Murren und Widerreden."[119] Wieso diese harten Forderungen?

Um der eschatologischen Zukunft der Gemeinde willen! „Damit ihr untadelig und unverdorben seid, Kinder Gottes ohne Makel inmitten eines verkehrten und verdrehten Geschlechts. Unter denen leuchtet wie die Sterne im Weltall."[120] So auch um des Heils des Apostels willen: „Wort des Lebens, – haltet es fest, mir zum Ruhme am Tag Christi,[121] daß ich nicht ins Leere gelaufen bin und mich nicht umsonst abgemüht habe."[122] Soweit die eschatologische Existenz des Apostels

---

115 Vgl. auch meinen oben Anm. 16 genannten Aufsatz zu Röm 9,1–5.
116 2,12: … καθὼς πάντοτε ὑπηκούσατε, μὴ ὡς ἐν τῇ παρουσίᾳ μου μόνον ἀλλὰ νῦν πολλῷ μᾶλλον ἐν τῇ ἀπουσίᾳ μου, … Vgl. oben, Anm. 103.
117 2,12: μετὰ φόβου καὶ τρόμου τὴν ἑαυτῶν σωτηρίαν κατεργάζεσθε· Vgl. 1 Kor 2,3; 2 Kor 7,15; Eph 6,5.
118 2,13: θεὸς γάρ ἐστιν ὁ ἐνεργῶν ἐν ὑμῖν καὶ τὸ θέλειν καὶ τὸ ἐνεργεῖν ὑπὲρ τῆς εὐδοκίας. Vgl. 1,6; 1 Thess 3,11–13; etc.
119 2,14: πάντα ποιεῖτε χωρὶς γογγυσμῶν καὶ διαλογισμῶν, … Vgl. 1 Kor 10,10.
120 2,15: ἵνα γένησθε ἄμεμπτοι καὶ ἀκέραιοι, τέκνα θεοῦ ἄμωμα μέσον γενεᾶς σκολιᾶς καὶ διεστραμμένης, ἐν οἷς φαίνεσθε ὡς φωστῆρες ἐν κόσμῳ. Vgl. hierzu die eschatologischen Passagen in Phil 1,10–11; 3,20–21. Die Wendung ἐν οἷς φαίνεσθε ὡς φωστῆρες ἐν κόσμῳ entstammt der Apokalyptik, wie auch Mt 5,14–16; Röm 2,19 bezeugen. Vgl. BDAG, s.v. φαίνω, 1.b; φῶς, 1.b.β; φωστήρ, 1.
121 Der Ausdruck „Wort des Lebens" (λόγος ζωῆς), artikellos, ist *hapaxlegomenon* bei Paulus. Um seinen eschatologischen Ruhm (καύχημα, καύχησις) ist er auch sonst besorgt; vgl. Phil 1,6.10.26; 1 Kor 9,15–16; 2 Kor 1,14; usw.
122 2,16: … λόγον ζωῆς ἐπέχοντες, εἰς καύχημα ἐμοὶ εἰς ἡμέραν Χριστοῦ, ὅτι οὐκ εἰς κενὸν ἔδραμον οὐδὲ εἰς κενὸν ἐκοπίασα.

und seiner Gemeinde, sowie implizit aller an das Evangelium Christi Glaubenden.

Zwei Stichworte geben an dieser Stelle Erschreckendes zu bedenken. Mit dem Stichwort „umsonst" (εἰς κενόν) nennt Paulus seine ihn ständig plagende Sorge, daß seine gesamte Lebensarbeit vergeblich gewesen sein könnte.[123] Mit dem anderen faßt er als Höhepunkt und Abschluß der Paränese den auf ihn zukommenden tödlichen Ausgang ins Auge: „Jedoch, wenn ich denn als Blutopfer vergossen und als Opfergabe dahingegeben werde, dann geschieht es für euren Glauben, und darüber freue ich mich zusammen mit euch allen. Eben dies sei euch zur Freude und mir zur Mitfreude!"[124]

Die Wendung σπένδομαι ἐπὶ τῇ θυσίᾳ καὶ λειτουργίᾳ ist einzigartig bei Paulus und muß wohl jeden Kundigen an berühmte Opfergänge der damaligen römischen Geschichte erinnern: an die von C. Iulius Caesar (Plutarch, *v. Caes.* 66.6–7), Cicero (Plutarch, *v. Cic.* 47.5–49.4), Seneca (Tacitus, *ann.* 15.22.64.4), Thrasea Paetus (ibid. 16.35) und anderen, alle gesehen in der Nachfolge des Sokrates (Plato, *Phaed.* 61c–62c, 117–18).[125] Daran dachten wohl auch die Nachfolger des Paulus in ihren Deutungen seines Todes.[126]

---

123 Vgl. Gal 2,2; 4,11; 1 Thess 2,1; 3,5; 1 Kor 1,17; 9,15; 15,10.14.58; 2 Kor 6,1; 9,3.

124 2,17–18: Ἀλλὰ εἰ καὶ σπένδομαι ἐπὶ τῇ θυσίᾳ καὶ λειτουργίᾳ τῆς πίστεως ὑμῶν, χαίρω καὶ συγχαίρω πᾶσιν ὑμῖν· τὸ δὲ αὐτὸ καὶ ὑμεῖς χαίρετε καὶ συγχαίρετέ μοι.

125 Siehe Erich Koestermann, *Cornelius Tacitus, Annales Band IV, Buch 14–16* (Heidelberg: Winter, 1968), 293–410; Klaus Döring, *Exemplum Socratis. Studien zur Sokratesnachwirkung in der kynisch-stoischen Popularphilosophie der frühen Kaiserzeit und im frühen Christentum* (Hermes-Einzelschriften 42; Wiesbaden: Steiner, 1979), 22, 27–28, 37–42.

126 2 Tim 4,6, wohl in direktem Bezug auf Phil 2,17; Kol 1,24; IgnRöm 2,2. Vgl. Weiser, *Der zweite Brief an Timotheus*, 304–306; Margaret M. Mitchell, "New Testament Envoys in the Context of Greco-Roman Diplomatic and Epistolary Conventions: the Example of Timothy and Titus," *JBL* 111 (1992) 661–82.

4. Letzte Besorgnisse

Wir hatten bereits darauf aufmerksam gemacht, daß das Ende der Paränese in 2,12–18 den Eindruck einer hastigen Zusammenstellung von wichtigen Weisungen macht. Darauf folgen dann die Empfehlungen für Timotheus (2,19–24) und für Epaphroditus (2,25–30); beide Empfehlungen weisen auf die baldige Ankunft dieser Mitarbeiter in Philippi. Hiernach hält Paulus es für nötig, daß Epaphroditus zuerst abreist; er wird die Briefschaften bei den Philippern abliefern.[127] Danach wird Timotheus abreisen.[128] Wie schon angemerkt, werden beide weitere Auskünfte über die Situation geben können. Daß diese Mitarbeiter das Ziel ihrer Reise erreicht haben, geht schon aus der Tatsache hervor, daß wir die Briefdokumente heute in der Hand halten.[129] Als letzter würde Paulus selber abreisen, was allerdings einen für ihn günstigen Ausgang des Gerichtsverfahrens und seine Freilassung voraussetzt.[130] Bis dahin ist er also allein in seiner Gefängnisunterkunft.

---

127 Phil 2,25.28; 4,18. Was es mit den Begründungen wirklich auf sich hat, ist nicht auszumachen. Epaphroditus wird die Philipper nach seiner Ankunft darüber ins Bild setzen.

128 2,19.23; vgl. auch 1 Thess 3,2; 1 Kor 4,17.

129 Aufmerksam zu machen ist an dieser Stelle auf die rätselhafte Bemerkung in Heb 13,23: Γινώσκετε τὸν ἀδελφὸν ἡμῶν Τιμόθεον ἀπολελυμένον, μεθ' οὗ ἐὰν τάχιον ἔρχεται ὄψομαι ὑμᾶς („Ihr sollt wissen, daß unser Bruder Timotheus abgereist ist; wenn er alsbald ankommt, werde ich euch mit ihm zusammen besuchen.") Anscheinend handelt es sich um ein Zitat aus dem kurzen Brief, den „Paulus" in Heb 13,22 einführt: καὶ γὰρ διὰ βραχέων ἐπέστειλα ὑμῖν („und deshalb habe ich euch dies in Kürze brieflich mitgeteilt"). Nach v. 23 ist also die in Phil 2,19 angekündigte Abreise des Timotheus vollzogen, während die des „Paulus" (v. 24) noch bevorsteht. Welche Beziehungen zwischen Heb 13,22–23 und Phil 2,19–24 bestehen, ist umstritten. Vgl. Herbert Braun, *An die Hebräer* (HNT 14; Tübingen: Mohr Siebeck, 1984), 482–83; Hans-Friedrich Weiß, *Der Brief an die Hebräer* (KEK 13; Göttingen: Vandenhoeck & Ruprecht, 1991), 760–63; Erich Gräßer, *An die Hebräer* (EKK 17/3; Zürich: Benziger; Neukirchen: Neukirchener Verlag, 1997), 409–16; Clare K. Rothschild, *Hebrews as Pseudepigraphon* (WUNT 235; Tübingen: Mohr Siebeck, 2009), 74–81.

130 Phil 2,24: πέποιθα δὲ ἐν κυρίῳ ὅτι καὶ αὐτὸς ταχέως ἐλεύσομαι. Die hinzugesetzten Worte πρὸς ὑμᾶς in ℵ* A C P 0150 0282 etc. beruhen wohl auf einer Verlesung des Schreibers auf Grund von 2,25; vgl. auch 2,19. P^{46} ℵ^2 B D F G Ψ 075 0278. 33.1739.1881 etc. bringen diesen Zusatz nicht. Vgl. Aland, *Die paulinischen Briefe*, II, 108.

Seine Empfehlungen von Timotheus und Epaphroditus sind von einem abschließenden Aufruf zur Freude in 3,1a gefolgt, der das Thema der Freude und Mitfreude in 2,17b–18 wiederaufnimmt. Die mehrfache Wiederholung des Aufrufs zur Freude in 4,1 und 4,4–7 ist auffällig, aber offenbar intendiert: χαίρετε ἐν κυρίῳ πάντοτε· πάλιν ἐρῶ, χαίρετε (4,4).[131]

Vor dem formalen Briefschluß mit der Übermittelung von Grüßen und dem Schlußsegen (4,21–23) schiebt Paulus unvermittelt weitere Ermahnungen ein, ohne die er seinen Brief nicht abschicken will. Sie betreffen einen unbekannten Personenkreis mit den Namen Euodia, Syntyche und Klemens, wobei die Gründe für die Ermahnungen unausgesprochen bleiben (4,2–3); Paulus wurde vermutlich von Epaphroditus mündlich über den Sachverhalt informiert.

Überraschend ist auch der Abschluß der Paränese durch einen gnomischen Spruch zum Thema Nachfolge des Paulus (4,8–9). Anscheinend folgt dieser Abschluß dem Vorbild mancher römischer Philosophen, die ihre paränetischen Briefe mit einem derartigen „letzten Wort" *(ultimum verbum)* abschließen.[132] Die eigentümlich lockere Komposition der paränetischen Abschnitte am Schluß des Briefes erklärt sich am ehesten durch die Hast, die Paulus zwang, den Brief möglichst schnell zu beenden und die dringende Abreise des Epaphroditus nicht weiter aufzuhalten (vgl. 2,25–30).[133]

5. Beilagen

Die Komposition des Philipperbriefes zeichnet sich auch dadurch aus, daß Paulus seine Briefsendung durch zwei bereits genannte Beilagen

---

131 S. auch 3,1a: Τὸ λοιπόν, ἀδελφοί μου, χαίρετε ἐν κυρίῳ. Vgl. oben, Anm. 102.

132 Für derartige Spruchepiloge sei besonders auf Seneca, *Ep.* 2–29, verwiesen, sowie auf die Untersuchung von Erwin Hachmann, „Die Spruchepiloge in Seneca's *Epistulae morales*" (*Gymnasium* 103 [1996] 385–410); Beat Schönegg, *Senecas Epistulae morales als philosophisches Kunstwerk* (Bern & New York: Lang, 1999).Vgl. auch Christian Gnilka, „Ultima Verba", *JbAC* 22 (1979) 5–21.

133 Siehe 2,28: σπουδαιοτέρως οὖν ἔπεμψα αὐτόν, ἵνα ... („Daher sende ich ihn um so eiliger ab, damit ..."). Vgl. auch ταχέως 2,19.24.

V. Der Philipperbrief und seine Geschichte

bereichert. Wie andere Briefsammlungen zeigen, waren derartige Briefbeilagen damals durchaus üblich.[134]

a) Die Beilage einer Quittung (4,10–20) war oben (S. 16) bereits genannt worden; die genauere Analyse dieser Quittung ist Gegenstand einer in Arbeit befindlichen Studie.

b) Eine weitere Beilage, auch Gegenstand einer künftigen Studie, betrifft einen Text, der bis heute in der Forschung anhaltende Kontroversen und Hypothesen hervorgerufen hat.[135] In 3,2–21 liegt, so lautet meine Hypothese, die Abschrift eines bereits früher verfaßten Textes vor.[136] Der asyndetische Anschluß von 3,1b an 3,1a und das Fehlen brieflicher Merkmale am Anfang und am Ende (3,21) deuten darauf hin, daß es sich bei diesem Abschnitt nicht um ein Brieffragment handelt, sondern um ein unverbundenes *Memorandum*. Insbesondere ist der einleitende Satz des Paulus in 3,1b auch in der Übersetzung umstritten: τὰ αὐτὰ γράφειν ὑμῖν ἐμοὶ μὲν οὐκ ὀκνηρόν, ὑμῖν δὲ ἀσφαλές. („Dasselbe für euch abzuschreiben, ist mir nicht lästig, euch aber dient es als Sicherheit.")[137] Für die Philipper ist dieser Text neu, womit sich die Frage stellt, warum er, der doch mit dem sonstigen

---

134 Siehe hierzu Hans-Josef Klauck, "Compilation of Letters in Cicero's Correspondence," in ders., *Religion und Gesellschaft im frühen Christentum. Neutestamentliche Studien* (WUNT 152; Tübingen: Mohr Siebeck, 2003), 317–37, besonders 320–21, 334–35: "Enclosed copies" (mit Beispielen).

135 Siehe hierzu die Berichte in den Kommentaren, besonders John B. Lightfoot, *St. Paul's Epistle to the Philippians* (London: Macmillan, ⁶1869; Nachdr. Lynn, MA: Hendrickson, 1981), 143–57; Bernhard Weiß, *Der Philipper-Brief ausgelegt und die Geschichte seiner Auslegung kritisch dargestellt* (Berlin: Hertz, 1859), 214–20; Gnilka, 184–210; Reumann, 451–605: "A Brusque Warning".

136 Weiß (1859, S. 219) weist für die These, daß τὰ αὐτὰ auf einen früheren Brief „an andere Gemeinden" deutet, auf Nikolaus von Lyra (1471–72) und Wilhelm Estius (1843) hin. Lightfoot, 138–42 erörtet die Frage: "Lost Epistles to the Philippians?"

137 Nach meiner Übersetzung hat τὰ αὐτὰ sowohl die abzuschreibende Vorlage als auch die entstehende Kopie im Sinne. Der Infinitiv γράφειν beschreibt den Vorgang des Abschreibens. Für Beratung an dieser Stelle danke ich Dr. Christina M. Kreinecker (Salzburg/Birmingham), die mich auch auf die Parallelen in P. Oxy. III, 533, 3–4 und P. Oxy. XIV, 1739, 9–11 hingewiesen hat. Vgl. auch Peter Arzt-Grabner et al., *1. Korinther* (Papyrologische Kommentare zum NT, 2; Göttingen: Vandenhoeck & Ruprecht, 2006), 215–19 zu 1 Kor 5,9–11.

Inhalt des Philipperbriefs nichts zu tun zu haben scheint, ihnen jetzt mitgeteilt werden soll. Die Rechtfertigung für die genannte These soll in einer gesonderten Studie erfolgen, wogegen an dieser Stelle ein paar Bemerkungen genügen müssen.

1. Der ungemein sarkastische Angriff des Paulus in 3,2 ist gegen judenchristliche Gegner gerichtet („Seht diese Hunde, seht diese Übeltäter, seht diese Verstümmelung!")[138] Während derartige Invektiven im Zusammenhang des Philipperbriefes gänzlich fremd erscheinen, erinnern sie an die Auseinandersetzungen, die wir aus dem Galaterbrief, dem 2. Korintherbrief und dem Römerbrief kennen.[139] In diesen früheren Auseinandersetzungen geht es um die Frage, ob der jüdische Ritus der Beschneidung als Bedingung auch für die Aufnahme der Heidenchristen in die Kirche Jesu Christi zu gelten hat.[140] Von der Antwort auf diese Frage hängt die Anerkennung oder Verwerfung des paulinischen Evangeliums ab,[141] und davon wieder die Geltung des Apostolats des Paulus.

Daher wendet sich Paulus in 3,3 sogleich der Beschneidungsfrage zu und zitiert die von ihm vorgetragene Deutung des Ritus: „Denn wir sind die Beschneidung, die wir im Geiste Gottes (ihm) dienen und uns rühmen in Christus Jesus und nicht unser Vertrauen auf das Fleisch setzen." Diese Deutung ist es gerade, die von den Gegnern scharf abgelehnt wird. Zum Beweis der Richtigkeit verweist Paulus auf sein eigenes Beispiel. Mit dem zuletzt genannten „Vertrauen auf das

---

138 Βλέπετε τοὺς κύνας, βλέπετε τοὺς κακοὺς ἐργάτας, βλέπετε τὴν κατατομήν. Vgl. die sarkastischen Bemerkungen in Gal 5,12 und 6,12; dazu Betz, *Galaterbrief, ad loc.*

139 Vgl. die Invektiven in Gal 1,6–9; 2,4; 5,1–12; 6,12–13; 2 Kor 11,13–15; Röm 2,28–29; 15,30–32; 16,17–20. Zu den Gegnern des Paulus vgl. meinen Kommentar, *Galaterbrief*, 40–47.

140 Zur Beschneidungsfrage vgl. Gal 2,1–10; 5,2–4.6; 6,12–13.15; 1 Kor 7,18–19; Röm 2,25–29; sowie Betz, *Galaterbrief*, 160–92; Ed P. Sanders, *Paul, the Law, and the Jewish People* (Philadelphia: Fortress Press, 1983), 20, 29, 100–04; James D. G. Dunn, "What was the Issue between Paul and 'Those of the Circumcision'?" in: Martin Hengel, Hg., *Paulus und das antike Judentum* (WUNT 58; Tübingen: Mohr Siebeck, 1991), 295–317.

141 Zu den gegensätzlichen Auffassungen des εὐαγγέλιον vgl. Gal 1,6–9.

Fleisch"[142] rekurriert Paulus auf seine eigene Person (3,4): Wenn die Gegner meinen, ihr Vertrauen auf das Fleisch setzen zu müssen, dann habe er, Paulus, eine um so größere Berechtigung dazu. Im folgenden Abschnitt (3,5–21) legt er eine umfassende Selbstdarstellung vor, die in dieser Ausführlichkeit ohne Parallele ist. Er beginnt mit den Hauptdaten seiner Identität als pharisäischer Jude (3,5–6),[143] gefolgt von seiner Identität als christlicher Jude, um damit seinen Übergang vom Pharisäertum zum Glauben an Christus zu schildern (3,7–11). Anscheinend geht es hierbei um die Konsequenzen seiner Christusvision, die aber nicht eigens genannt wird.[144] Worauf es Paulus ankommt, ist, den grundlegenden Wandel seiner theologischen Erkenntnis (γνῶσις) einsichtig zu machen. Er bekennt, daß er „überwältigt wurde von der Erkenntnis Christi Jesu meines Herrn",[145] die dazu führte, daß er die eschatologische Wertung der pharisäischen Gerechtigkeit aus dem Gesetzesgehorsam verwarf und an dessen Stelle den Glauben an Christus annahm, wobei ihn die eschatologische Wertung der von Gott geschenkten Gerechtigkeit aus dem Glauben überzeugte.[146] Wo aber hatte dieser tiefgreifende Umschwung der Erkenntnis seinen Ursprung? Er erfolgte auf Grund der Wirkungskraft (δύναμις) der Auferstehung Christi und der Teilnahme an seinen Leiden, die zu einer Gleichgestaltung mit seinem Tode führt und im Zuge dessen die Hoffnung auf eine Auferstehung von den Toten rechtfertigt.[147]

Was aber bedeutet das für seine gegenwärtige Befindlichkeit? Wie er in 3,12–16 mit Hilfe eines dramatischen Vergleichs aus dem Sport erläutert, hat er das Ziel seines *cursus vitae* noch keineswegs erreicht, sondern er ist ganz erfaßt vom Wettlauf, d.h. er sieht sich von Christus ergriffen und völlig auf den Siegespreis hin ausgerichtet.

---

142 Zu dem Ausdruck πέποιθα/πεποίθησις ἐν σαρκί in Phil 3,3–4 vgl. 2 Kor 10,2; Röm 2,19; Gal 6,12; zur dem Glauben entsprechenden πεποίθησις vgl. Phil 1,6.14; 2,24; Phlm 21; 2 Kor 1,15; 3,4; 8,22.
143 Vgl. Schnelle, *Paulus*, 41–75.
144 Vgl. Gal 1,11–12.15–16; 1 Kor 9,1; 15,8, und Betz, *Galaterbrief*, 120–45; Schnelle, *Paulus*, 77–94.
145 3,8: ... διὰ τὸ ὑπερέχον τῆς γνώσεως Χριστοῦ Ἰησοῦ τοῦ κυρίου μου ...
146 3,9: καὶ εὑρεθῶ ἐν αὐτῷ, μὴ ἔχων ἐμὴν δικαιοσύνην τὴν ἐκ νόμου ἀλλὰ τὴν διὰ πίστεως Χριστοῦ, τὴν ἐκ θεοῦ δικαιοσύνην ἐπὶ τῇ πίστει, ...
147 3,10–11: τοῦ γνῶναι αὐτὸν καὶ τὴν δύναμιν τῆς ἀναστάσεως αὐτοῦ καὶ [τὴν] κοινωνίαν [τῶν] παθημάτων αὐτοῦ, συμμορφιζόμενος τῷ θανάτῳ αὐτοῦ, εἴ πως καταντήσω εἰς τὴν ἐξανάστασιν τὴν ἐκ νεκρῶν.

Dieser Vergleich findet seinen Höhepunkt in dem paränetischen Aufruf an die Gemeinde zur Christusnachahmung (3,17–21): „Werdet mit mir zusammen Nachahmer, ihr Brüder, und schaut auf die Lebensweise derer, die so ist wie ihr mich zum Vorbild habt."[148] Nach einer abschließenden Verurteilung seiner Gegner (3,18–19) beschreibt Paulus das eschatologische Ziel des gemeinsamen Lebenswegs der Gemeinde im himmlischen Gemeinwesen, τὸ πολίτευμα ἐν οὐρανοῖς (3,20–21).[149]

2. Was bewog Paulus zur Abschrift des Textes, den er den Adressaten in Philippi zur Kenntnis geben wollte? Offenbar ist es Ziel und Zweck dieser Beilage, kurz vor der Abreise des Epaphroditus die Philipper vor einer Gefahr zu warnen, die Paulus vorausahnend auf sie zukommen sieht, nämlich die Intervention seitens der judenchristlichen Konkurrenz. Noch ist die Gemeinde von diesen Gegnern des Paulus unberührt,[150] aber er weiß, daß sie ihm überall auf dem Fuße folgen. Nach seiner Gewohnheit wird er wohl auch bereits von dieser Gefahr gesprochen haben, so daß er ohne weiteres zur Sache kommen kann (3,2): „Seht diese Hunde, seht diese Übeltäter, seht diese Verstümmelung!" Noch in 1,28 konnte er die Gemeinde allgemein ermahnen: „Laßt euch in keiner Weise von Widersachern einschüchtern, (das wäre) für sie ein Anzeichen (eures) Verderbens, wo es doch eure Rettung ist, und dies von Gott."[151] Im Memorandum selbst (3,18–19) wird dies nun konkretisiert: „Denn es leben viele unter uns – ich habe schon oft von ihnen gesprochen und tue es jetzt wieder unter Tränen –, die Feinde des Kreuzes Christi. Ihr Ende ist das Verderben, ihr

---

148 3,17: Συμμιμηταί μου γίνεσθε, ἀδελφοί, καὶ σκοπεῖτε τοὺς οὕτω περιπατοῦντας καθὼς ἔχετε τύπον ἡμᾶς. Zur Vorstellung von der Nachahmung s. auch 1 Thess 1,6; 2,14; 1 Kor 4,16; 11,1, sowie Reumann, *Philippians*, 584–92; 601–05 (mit Bibliographie).

149 Die Analogie zu 3,10–11 erklärt sich damit, daß es sich in v. 10–11 um die Erkenntnis (γνῶναι) handelt und in v. 20–21 um den praktischen Lebensvollzug (περιπατεῖν).

150 Zu den nicht identifizierten ἀντικείμενοι in Phil 1,28 vgl. 1 Kor 16,9; 1 Thess 2,1–16; 3,3–5, wo die Gegner ohne scharfes Profil bleiben. Vgl. auch den Exkurs bei Gnilka, *Philipperbrief*, 211–18: „Die philippischen Irrlehrer."

151 καὶ μὴ πτυρόμενοι ἐν μηδενὶ ὑπὸ τῶν ἀντικειμένων, ἥτις ἐστὶν αὐτοῖς ἔνδειξις ἀπωλείας, ὑμῶν δὲ σωτηρίας, καὶ τοῦτο ἀπὸ θεοῦ· (meine Übersetzung).

Gott ist der Bauch, und ihr Ruhm besteht in ihrer Schande – sie alle sind auf das Irdische bedacht."[152]

3. Was bewog den späteren Redaktor, das Fragment an seinem jetzigen Ort im Brief unterzubringen? Seine Einarbeitung der von ihm vorgefundenen Beilage in den Philipperbrief war keineswegs willkürlich. Er erkannte richtig, daß das Memorandum zur Paränese gehört, und brachte es darum auch im Paräneseteil unter. Dieser Teil beginnt mit drei Imperativen in 1,27–28, unter ihnen „Stehet fest" (στήκετε),[153] und endet mit der gleichen Mahnung στήκετε in 4,1.[154] In die Paränese von 1,27–4,1 fügt sich das autobiographische Memorandum 3,2–21 also gut ein; der Aufruf zur Nachahmung des Paulus (3,17) trifft sich außerdem mit dem gnomischen „letzten Wort" in 4,8–9.

VI. Der Tod des Apostels

Hinsichtlich der näheren Umstände, die zum Tode des Apostels führten, fehlen die Quellen. Das erlaubt uns Heutigen jedoch nicht, durch bloße Vermutungen oder phantasievolle Spekulationen diese Wissenslücke zu schließen. Andererseits gewährt die historische Situation der Stadt Rom in den Jahren zwischen 62 (Tod des Burrus, Rücktritt Senecas und Regime des Tigellinus) und 68 (Tod Neros) die Möglichkeit für einige Rückschlüsse im Blick auf das Ende des Paulus. Der Zusammenbruch des römischen Gerichtswesens führte zu einem allgemeinen Chaos des Mordens und Brennens, in dem bewaffnete Banditen die Stadt durchzogen und wahllos bekannte und weniger bekannte Persönlichkeiten ermordeten. In diesem, von Tacitus eindrücklich geschilderten Chaos, in dem sich auch die Jagd auf Christen

---

152 πολλοὶ γὰρ περιπατοῦσιν οὓς πολλάκις ἔλεγον ὑμῖν, νῦν δὲ καὶ κλαίων λέγω, τοὺς ἐχθροὺς τοῦ σταυροῦ τοῦ Χριστοῦ, ὧν τὸ τέλος ἀπώλεια, ὧν ὁ θεὸς ἡ κοιλία καὶ ἡ δόξα ἐν τῇ αἰσχύνῃ αὐτῶν, οἱ τὰ ἐπίγεια φρονοῦντες. Übersetzung der Züricher Bibel 2007.

153 ὅτι στήκετε ἐν ἑνὶ πνεύματι, μιᾷ ψυχῇ συναθλοῦντες τῇ πίστει τοῦ εὐαγγελίου, καὶ μὴ πτυρόμενοι ὑπὸ τῶν ἀντικειμένων ... Vgl. Gal 5,1 und meinen Kommentar, *Galaterbrief*, 439–41.

154 οὕτως στήκετε ἐν κυρίῳ, ἀγαπητοί. Vgl. auch 1 Thess 3,8; 2 Thess 2,15; 1 Kor 16,13.

bis zum Irrsinn steigerte, wurde wohl auch Paulus dahingerafft.¹⁵⁵ Die Situation in Rom wird von Tacitus mit bitterem Sarkasmus so geschildert:¹⁵⁶

> Aber inzwischen füllte sich die Stadt mit Leichen, das Kapitol mit Opfertieren: dem einen war der Sohn, dem anderen der Bruder oder ein Verwandter oder Freund hingemordet worden, und dafür sagten sie den Göttern noch Dank, schmückten mit Lorbeer den Palast, warfen sich ihm selbst zu Füßen und küßten seine Rechte bis zum Überdruß. Und jener hielt das für echte Freude und vergalt des Antonius Natalis und Cervatius Proculus beschleunigte Anzeige mit Straflosigkeit.

Wenn Tacitus' dramatische Schilderungen nahelegen,¹⁵⁷ daß Paulus ein unrühmliches Ende genommen hat, so sollte man beachten, daß er damit in die Reihe derer eintrat, die den berüchtigten „römischen Tod" starben. Für die biographische Literatur der Römer begann diese Reihe ja schon mit dem großen Scipio Africanus¹⁵⁸ und umfaßte die ganze Phalanx römischer Geistesgrößen. Beim Tode Neros war fast

---

155 Zum vieldiskutierten Abschnitt Tacitus, *Ann.* XV.44 s. Hildebrecht Hommel, „Tacitus und die Christen", in ders., *Sebasmata*, Bd. II (WUNT 32; Tübingen: Mohr Siebeck, 1984), 174–99 (mit Nachträgen); sowie den Kommentar von Koestermann, *Cornelius Tacitus, Annalen*, Band IV (wie oben Anm. 125), 253–59.

156 Tacitus, *Ann.* XV.71.1: Sed compleri urbs funeribus, Capitolium victimis; alius filio, fratre alius aut propinquo aut amico interfectis, agere grates deis, ornare lauru domum, genua ipsius advolvi et dexteram osculis fatigare. atque ille gaudium id credens Antonii Natalis et Cervarii Proculi festinata indicia impunitate remuneratur. Text nach Koestermann, *Tacitus, Annalen*, Band IV, 321–22; Übersetzung nach Erich Heller, Hg., *P. Cornelius Tacitus, Annalen. Lateinisch und deutsch* (Sammlung Tusculum; München & Zürich: Artemis, ²1992), 778–80.

157 Zum Charakter dieser Darstellungen s. Margarethe Billerbeck, „Die dramatische Kunst des Tacitus", ANRW II, 33.4 (Berlin: de Gruyter, 1991), 2752–2771; Stephanie Kurczyk, *Cicero und die Inszenierung der eigenen Vergangenheit. Autobiographisches Schreiben in der späten Römischen Republik* (Europäische Geschichtsdarstellungen 8; Köln, Weimar, Wien: Böhlau, 2006).

158 Publius Cornelius Scipio Aemilianus Africanus Numantinus (185–129 v. Chr.). Siehe Hermann Strasburger, „Der ‚Scipionenkreis'", in: ders., *Studien zur Alten Geschichte*, Band II (Hildesheim: Olms, 1982), 946–58; Karlhans Abel, „Die kulturelle Mission des Panaitios", *Antike und Abendland* 17 (1971) 119–43.

VI. Der Tod des Apostels

die gesamte Schicht der Schriftsteller und Denker der julisch-claudischen Ära ausgelöscht. Als Folge seiner rechtswidrigen Ermordung wurde Paulus demnach unversehens unter diese antiken Märtyrer aufgenommen, an deren Anfang Sokrates steht.[159] Auf christlicher Seite ging der Apostel Paulus dadurch in die Geschichte ein, daß man ihn als Urbild kirchlicher Märtyrer verehrte,[160] eine Folgerung, deren er sich im Brief an die Philipper zwar nicht bewußt war,[161] die aber seine Hoffnungen nicht enttäuscht haben würde.

---

159 S. hierzu Döring, *Exemplum Socratis* (wie oben, Anm. 125), Kapitel 7: „Das Beispiel des Sokrates bei den frühchristlichen Märtyrern und Apologeten."
160 Vgl. Hans von Campenhausen, *Die Idee des Martyriums in der alten Kirche* (Göttingen: Vandenhoeck & Ruprecht, ²1964); Glen W. Bowersock, *Martyrdom and Rome* (Cambridge: Cambridge University Press, 1995); Wolfgang Wischmeyer, „Märtyrer, II. Alte Kirche", *RGG* 5 (⁴2002) 862–65; Jan W. van Henten, „Martyrium II (ideengeschichtlich)", *RAC* 23 (2010) 300–25.
161 Entgegen der Hauptthese von Lohmeyer, *An die Philipper* (1929), nach dem der Philipperbrief ein Ausdruck eines tiefen Märtyrerbewußtseins des Paulus ist. Siehe dazu die kritische Rezension von Rudolf Bultmann, *DLZ* 51 (1930) 774–80, nachgedruckt in ders., *Theologie als Kritik. Ausgewählte Rezensionen und Forschungsberichte*, hg. von Matthias Dreher und Klaus W. Müller (Tübingen: Mohr Siebeck, 2002), 252–57.